Nikolaus von Kues
Vom Frieden zwischen den Religionen

Lateinisch – deutsch

Herausgegeben und übersetzt von
Klaus Berger und Christiane Nord

Insel Verlag

Erste Auflage 2002
© Insel Verlag Frankfurt am Main und Leipzig 2002
Alle Rechte vorbehalten, insbesondere das der Übersetzung,
des öffentlichen Vortrags sowie der Übertragung durch Rundfunk
und Fernsehen, auch einzelner Teile.
Kein Teil des Werkes darf in irgendeiner Form
(durch Fotografie, Mikrofilm oder andere Verfahren)
ohne schriftliche Genehmigung des Verlages reproduziert
oder unter Verwendung elektronischer Systeme
verarbeitet, vervielfältigt oder verbreitet werden.
Satz: Hümmer GmbH, Waldbüttelbrunn
Druck: Graphische Betriebe Wilhelm Röck, Weinsberg
Printed in Germany

1 2 3 4 5 6 – 07 06 05 04 03 02

INHALT

EINFÜHRUNG

Zwei Dinge, so hat der Thomist Etienne Gilson bemerkt, sind über alle Maßen erstaunlich an dieser Schrift: Erstens, daß sie geschrieben wurde, und noch dazu von einem Kardinal der katholischen Kirche, und zweitens, daß sie von dieser Kirche nie verboten wurde. Beides weckt die Neugier des zeitgenössischen Lesers, besonders das erste. War der Cusaner etwa ein Vorläufer moderner liberaler Religionstheorie, die der De-Absolutierung des Christentums das Wort redet? Zumindest bei seinen Lesern will der Cusaner den tödlichen Zusammenhang zwischen Gewohnheit, Dünkel und Gewalt unterbrechen.

Anlaß und Entstehung der Schrift

Nikolaus Krebs (Crifftz) aus Kues an der Mosel, genannt Nicolaus Cusanus (1401-1464), ist unter den Theologen des Mittelalters und weit darüber hinaus eine herausragende Gestalt. Als Jurist, Kirchenpolitiker, Naturwissenschaftler, Theologe und Mystiker ist er zugleich der vielseitigste unter den europäischen Theologen, nur Albertus Magnus vergleichbar.

Als Reaktion auf die Eroberung von Konstantinopel am 29. Mai 1453 durch die Türken (unter Sultan Muhammed II.) verfaßt er die vorliegende Schrift »Über den Frieden unter den Religionen«. Aus diesem Anlaß erklärt es sich auch, daß die Auseinandersetzung mit dem Islam verhältnismäßig breiten Raum einnimmt, während andere Religionen zum Teil eher undeutlich bleiben.

Die Grundstrategie, die er mit diesem Text verfolgt, hatte er schon in kleinerem Rahmen auf dem Konzil von Basel (1431-37) im Verhältnis zwischen Ost- und Westrom durchzuführen versucht, nämlich die des friedlichen Nebeneinanders. Im Jahre 1433 verfaßte Nikolaus die Schrift *De concordantia catholica* (»Über die Harmonie in der katholischen Kirche«). 1437 war er mit einer Gesandtschaft zum griechischen Kaiser nach Konstantinopel gereist. Papst Nikolaus V. (1447-55) hatte die abendländischen Christen durch eine Bulle zum Kreuzzug gegen den »Vorläufer des Antichrist«, wie er die Türken nannte, aufgerufen.

Zum Verständnis der hier vorliegenden Schrift ist die Kenntnis weiterer Cusanischer Schriften zu empfehlen: *De docta ignorantia* (Hauptwerk, entstanden 1440) über die Beschränktheit des menschlichen Erkennens und *Cribratio Alkoran* (»Prüfung des Korans«, entstanden 1441 und Papst Pius II. gewidmet), eine theologische Auseinandersetzung mit dem Islam. Für die Spiritualität des Cusaners lese man seine Schrift *De visione Dei* (»Über die Schau Gottes«).

Der Charakter dieser Schrift

Die hier vorgelegte Schrift hat den Charakter eines ökumenischen Gesprächs zwischen den Vertretern verschiedener Religionen. Dabei wird die christliche Position vertreten durch »das Wort« (d. h. Jesus Christus), dann durch Petrus und schließlich durch Paulus. Auf der Gegenseite vertreten ein Türke und ein Araber die islamische Position, ferner kommt ein Jude zu Wort. In der Gestalt des Böhmen tritt wohl ein Anhänger des Hussitismus auf, denn es geht hier um das Abendmahl. Anhand der Gestalten des Deutschen, des Engländers usw. werden dann regionale Unterschiedlichkeiten in der kirchlichen Praxis diskutiert.

Die Adressaten dieses Cusanischen Textes sind offenkundig »weitere Kreise« gebildeter Christen. Der Cusaner verzichtet daher auf einige für ihn sonst typische Lehren (z. B. auf die Lehre vom Zusammenfallen der Gegensätze).

Bei diesen Lesern soll die Schrift eine friedfertige Gesinnung besonders gegenüber dem Islam fördern. Andere Religionen außer dem Islam gewinnen kaum wirklich Konturen. Diese Friedfertigkeit wird erreicht, indem Nikolaus von Kues Intellektuelle dazu anleitet, die eigene Religion von außen zu sehen (besonders in der Figur des Tartaren) und hinter den Verschiedenheiten an der Oberfläche das unsichtbare Gemeinsame zu suchen.

Man kann fragen: Welche praktischen Ziele hatte der Cusaner mit seiner Schrift vor Augen? Da er, aus seinem Gesamtwerk zu urteilen, die politischen und militärischen Verhältnisse seiner Zeit durchaus realistisch sah, kann man nicht annehmen, daß er mit dieser Schrift das Drehbuch für eine wirkliche Verhandlung zwischen den Religionen schreiben wollte. Seine Adressaten sind Christen, die durch den militärischen Sieg des Islam vor Byzanz in eine Mischung aus Angst, Wut und Depression gestürzt worden sind. (Man stelle sich nur vor, die Türken hätten – zwei Jahrhunderte später – 1683 vor Wien gesiegt. Welche Untergangsstimmung und Selbstzweifel hätte das nicht im christlichen Abendland hervorgerufen?)

Zweifellos will der Cusaner das Selbstvertrauen der Christen stärken und den schädlichen Haß überwinden, der immer nur Selbstzerfleischung bedeutet. Daher ist sein Grundanliegen ebenso philosophisch wie seelsorgerlich. Er nutzt die hermeneutischen Chancen, die ihm der philosophische Zugriff ermöglicht, um sein praktisches Ziel zu erreichen.

Die auffallendste Beschränkung dieser Schrift liegt in dem fast völligen Fehlen der Bezüge zur Bibel[1], sieht man von spärlichen Reminiszenzen an das Johannes-Evangelium und an 1 Kor, Röm und Gal ab. Wie leicht hätte er insbesondere von einer phänomenologischen Betrachtung der Institutionen des Alten Testaments aus die Brücke zu anderen Religionen schlagen können. Für den neutestamentlichen Bereich hat die vornehmlich philosophische Sprache und Denkweise zur Folge, daß von Teufel, Sünde (außer an einer Stelle) und Erwählung nicht die Rede ist.

Kurt Flasch (1998, 356) meint, der Cusaner übe »subtile Distanzierung« von der christlichen Trinitätslehre, indem er den Ausdruck »Person« für Vater, Sohn und Heiligen Geist vermeide und nur darauf hinweise, daß *aliqui* (»manche«) die Einheit als Vater, die Gleichheit als Sohn usw. bezeichneten (§ 24). Wenn im Text jedoch nur *aliqui* gesagt wird, geht es nicht um Distanzierung, sondern um Apologetik. Die christliche Hauptströmung nennt der Cusaner »manche«, um die Aufmerksamkeit auf seine eigene philosophische Lösung der Trinität zu lenken. Das ist rhetorisch geschickt, reicht aber nicht zum Verdacht der Distanzierung. Gibt daher das »göttliche Wort« wirklich »Empfehlungen zur Reform der Trinitätsterminologie«? Hatte nicht der Cusaner selbst in § 8 im Gebet »Vater« gesagt? An dieser Stelle wird wieder deutlich, daß es hauptsächlich um eine Auseinandersetzung mit dem Islam geht, denn der Koran bestreitet, daß Gott ein Kind habe. So muß der Cusaner einen vermit-

---

[1] Kurt Flasch (1998, 358) zeigt dies am Beispiel der Trinitätslehre: Sie verbindet auch beim Cusaner zwei philosophische Traditionen: »Einmal die Einheitsspekulation des Parmenides in der neuplatonischen, speziell proklischen Version, sodann die Logoslehre. Beide Hauptmotive entstammen der antiken Philosophie, nicht den neutestamentlichen Schriften, und beide hatten christliche Denker schon in der Antike zu verknüpfen gesucht.«

telnden Sprachgebrauch finden. Ob er wirklich binnenchrist-
lich die Trinität anders nennen will denn als Vater, Sohn und
Heiligen Geist, ist zu bezweifeln. Auffällig ist allerdings, daß
er, wie gesagt, den Ausdruck »Person« ebenso wie die Zahl
»drei« in der Trinitätslehre vermeidet. Wir haben dem auch
in der Übersetzung Rechnung getragen.

Die grundsätzlichen Axiome

Aus dem christlichen Glaubensgut sind in dieser Schrift für
den Cusaner nur Inkarnation, Dreifaltigkeit und Auferstehung interessant. Und auch die anderen Religionsformen
sind durchaus vernünftiger, als ihre jeweiligen Anhänger
glauben. Alle Religionen setzen dasselbe voraus und haben
daran Anteil (*participatio*). Diese Prämissen sollen die Weisen
wahrnehmen. Grundlegend ist daher die Denkform: »Wer x
annimmt, muß auch y voraussetzen« (Flasch 1998, 366). »In
diesem Zusammenhang kommt es zur Proklamation einer
natürlichen Religion. Es ist die Religion aller Menschen, die
sich aus ihrem geistigen Wesen und ihrem angeborenen (*connata*) Glücksverlangen ergibt. Im Namen der natürlichen
Religion ist die Menschwerdung ein Vernunftpostulat: Die
Menschheit braucht einen Erstgeborenen, der ihr Lehrer und
Mittler wird und der die höchste denkbare Vollkommenheit
verwirklicht, auf der unser Vollkommenheitsstreben beruht,
das mit unserem Wesen mitgegeben ist« (loc. cit.).

Die verschiedenen Religionsformen (Riten) sind nur unterschiedliche Ausprägungen der einen Religion. Die Christen
sollen »bei sich zuerst und dann auch bei anderen unterscheiden zwischen *religio* und *ritus*«.

Das Trennende wird entweder widerlegt – wie der Polytheismus – oder als indifferent und tolerabel erklärt (Flasch
1998, 349).

Das maximal Denkbare wird mit dem Göttlichen identifiziert; diese Schlußform ist der Scholastik seit Anselm von Canterbury (11./12. Jh.) geläufig.

Nach Kurt Flasch gilt in dieser Schrift öfter die *lex melioris* (1998, 360-362), d. h.: In zweifelhaften oder unentscheidbaren Fällen darf man annehmen, der weltbegründende Gott habe die jeweils bessere Lösung gewählt. So etwa: Gott mußte Mensch werden, weil die *lex melioris* für ihn gilt (op. cit., 365).

Fallen für die Interpretation

In die erste Falle tappt die reformatorische Flugschrift des Johannes Kymeus »Des Babsts Hercules wieder die Deudschen« (Wittenberg 1538, Hg. Menzel 1941), der nachzuweisen versucht, daß der Cusaner in Wirklichkeit ein »Hercules der Deutschen wider das Papsttum« und ein Vorläufer in der Verkündigung lutherischer Lehren gewesen sei.

Wegen des Ausgangspunktes bei der Philosophie könnte man den Cusaner verdächtigen, er propagiere eine Vernunftreligion. Doch es geht um Philosophie im mittelalterlichen Sinne, die immer schon mit der Theologie verknüpft war, wenn auch die Begriffe zunächst nicht biblisch, sondern neutral klingen. Laut Cusanus aber können »die Weisen nicht weise sein ohne den Gnadenhauch des göttlichen Wortes« (vgl. Sermo 161, Brixener Weihnachtspredigt von 1455).

Wegen der Gleichberechtigung der Diskussionspartner könnte man meinen, es würde die absolute Gleichberechtigung aller Religionen propagiert. Das ist nicht der Fall. Vielmehr geht es dem Cusaner um diejenige Wahrheit, die alle Religionen implizit voraussetzen. Nur die Prinzipien sind gemeinsam. Darin besteht die überragende und überlegene Weisheit.

Die Gattung des Dialogs im Himmel hat ihre Vorläufer in der
Antike (»Dialogi Deorum« / Göttergespräche des Lukian von
Samosata) und in der Alten Kirche (Methodius v. Olympus).
Im einzelnen ähneln viele Passagen eher Platonischen Dialo-
gen als mittelalterlichen Streitgesprächen.

Zu nennen sind: der Dialog *Octavius* des Minucius Felix
(christlicher Apologet, 2. Jh.), der Traktat »Al Chazari« des
Juden Jehuda ben Halevi (um 1080), der »Dialogus inter phi-
losophum, Iudaeum et Christianum« des Petrus Abaelard
(12. Jh.)[2], die »Isagoge Odonis« aus dem Anhängerkreis
Abälards (13. Jh.), das »Opus tertium« des Roger Bacon
(1214-1292); die Schrift »Liber de gentili et tribus sapientibus« des Raimundus Lullus (1235-1316). Aus letzterem
läßt sich der folgende Abschnitt mit der Schrift des Cusaners
gut vergleichen: »Und wie es bei allen offenbar ist, daß nur
ein Gott, ein Schöpfer und ein Herr ist, so sollten wir einen
Glauben, ein Gesetz und eine Art und Weise in Lob und Eh-
rung dieses höchsten Schöpfers haben, sei es, daß wir einer-
seits untereinander Liebe und Frieden verwirklichten, sei es,
daß unter uns keine Differenz oder gar Gegensätzlichkeit in
Fragen des Glaubens und der Bräuche bestehe« (*Opera Omnia*, Mainz 1721-42, II 93 b).

Allerdings ist unsere Schrift kein Religionsgespräch im
Sinne eines direkten Kontakts der verschiedenen Religionen
untereinander (Flasch 1998, 349); es handelt sich vielmehr
immer nur um ein Wechselgespräch zwischen dem Wort (Gottes) oder Petrus oder Paulus auf der einen Seite und Vertretern
je einer anderen Religion auf der anderen Seite.

Wie bereits angedeutet, hat Nicolaus Cusanus nicht zuletzt
mit dem scholastischen Theologen Raimundus Lullus (1235-

2 Deutsch im Insel Verlag 1995: Abailard, Gespräch eines Philosophen,
Juden und eines Christen. Lateinisch – deutsch, hg. und übertragen v.
Hans-Wolfgang Krautz.

1316) einiges gemeinsam. Dieser glaubte, »ein System ein-
leuchtender oberster Prinzipien und Denkregeln gefunden
zu haben, das die leichte Erlernbarkeit aller Wissenschaften
ermögliche und ein schlagfertiges Beweisverfahren zur Vertei-
digung des christlichen Glaubens an die Hand gebe« (Tüchle
1958, 337 f.)[3].

In die Nachgeschichte der Schrift gehört die Erzählung
Wladimir Solowjews (1853-1900) über den »Antichrist«
mit einem endzeitlichen Konzil in Jerusalem. Der Weltkaiser
und Antichrist proklamiert sich zum Führer der Christenheit.
Das Kostbarste am Christentum sei Christus selbst, entscheidet dann der rechtgläubige Teil der Konzilsväter.

Die Rolle der katholischen Wahrheit in dieser Schrift

Für den Cusaner kann kein Zweifel bestehen, daß die katholische Lehre am nächsten an die Wahrheit heranreicht. Dennoch ist dieses nicht das Beweisziel der Schrift, und ebensowe-
nig will der Kardinal die Angehörigen der anderen Religionen
dazu auffordern, katholisch zu werden. Wenn diese Schrift
missionarisch wirken will, dann gegenüber den eigenen christlichen Adressaten. Denn es geht um die friedenstiftende Wirkung überlegener Intelligenz, bei Cusanus »Philosophie« genannt. Denn hier treffen sich ja die »Weisen« und nicht die
Priester und Prediger aus den verschiedenen Religionen.

Von daher besteht zumindest ein Element konkreter Rele-
vanz dieser Schrift in der Gegenwart darin, alle Theologen
aufzufordern, vor dem Studium der Theologie eben Philosophie zu studieren. Die den Glauben interpretierende Philosophie wird hier als Instrument des Friedens begriffen. Und
unseres Erachtens hat der Cusaner damit recht, auch wenn
heutzutage Philosophie nicht nur die Platonische im Ver-

---

3 Hermann Tüchle, *Kirchengeschichte, Teil II: Das Mittelalter*, Pader-
born: Schöningh, 16. Aufl. 1958.

ständnis des Cusaners sein kann. Aber mit Plato hat der Cusaner, das wird man auch heute gern zugeben, nicht den schlechtesten Philosophen zum Gewährsmann erkoren, jedenfalls den größten vor Immanuel Kant.

In dieser Schrift sucht der Cusaner die eine Wahrheit in den verschiedenen Religionen. Aber diese Wahrheit ist weder definierbar, noch ist sie mit den Dogmen der katholischen Kirche identisch. Sie ist nur zu schauen, und zwar in der Vernunfteinsicht.

Nicolaus Cusanus will nicht den anderen Religionen die katholische Wahrheit aufzwingen, er will nur die allen gemeinsamen Prinzipien von Religion aufzeigen. Diese haben sich in der katholischen Religion am besten entfaltet. Die Hauptlehren der Kirche sind »keimhaft identisch mit dem, was Fundament und Quelle aller Religion ist« (v. Bredow 1971, 187). Doch es geht dem Cusaner nicht um die Wahrheit der anderen Religionen. Und er will auch keine konkrete Universalreligion, kein Esperanto des Glaubens, etablieren. So ist die eine wahre Religion auch keine Utopie, sondern eine Idee. Etwa so: Der Cusaner will um des notwendigen Friedens willen das Gemeinsame vertiefen.

Ansätze von Religionskritik

Der Cusaner liefert in dieser Schrift bedeutende Ansätze der Religionskritik: Die Worte der Propheten, die Gott zu den verschiedenen Religionsgemeinschaften gesandt hat, würden, so Nicolaus Cusanus, nicht von Gott unterschieden. Zudem werde Tradition mit Wahrheit verwechselt: Zu den bestehenden unterschiedlichen Formen und zum unerquicklichen und unweisen Streit darüber komme es, weil die Menschen aus Gewohnheit am Alten festhalten, weil Macht und politische Autorität sich mit der Geltung religiöser Bräuche verbinden und sich daran binden. Die Macht der Gewohnheit und den daraus folgenden Dünkel kann der Cusaner souverän skizzieren und als Hauptproblem ansehen. »Hätten die Menschen Zeit und Muße zur Selbsterkenntnis, fänden sie den rechten Weg« (Flasch 1998, 342).

Die frommen Menschen sollen nach dem Willen der Engel »ihre religiösen Differenzen als die Unterschiede bloßer Riten abwerten. Sie sollen sich nicht für die Stimme Gottes ausgeben. Sie sollen sich klarwerden: Der Wahre Name Gottes ist ihnen allen unbekannt und deswegen unaussprechlich, *incognitus et ineffabilis*« (Flasch 1998, 343).

Glänzend formuliert Kurt Flasch: »Das *Verbum* (sc. Wort [Gottes], d. h. Jesus Christus; K. B.) holt den geschichtlichen Triumph des philosophischen Monotheismus über die antiken Volksreligionen nach« (op. cit., 348).

Die theologische Bedeutung

Man könnte diese Schrift als eine ökumenische Umsetzung der Theologie der *docta ignorantia* bezeichnen. Denn Ökumene kann es überhaupt nur geben, weil niemand die absolute Wahrheit einfach »besitzt«. Auch die katholische Kirche besitzt nur mehr *coniecturae*, d. h. Mutmaßungen. Dennoch findet sich hier explizit, was andere Religionen höchstens implizit meinen.

Die Einheit, die der Cusaner herstellen will, liegt gegenüber den vorhandenen Systemen der einzelnen Religionen eine Stufe höher. Hier zeigt sich schlicht sein Platonismus: Wer die sinnliche Vielfalt hinter sich lassen kann, der gelangt zu Abstraktionen, die eine geistige Gemeinsamkeit ermöglichen. Der Cusaner bedient sich dafür auch seines eigenen Ansatzes der *complicatio* und der *explicatio*, der Zusammenfaltung und Auseinanderfaltung. Was auf der Ebene der Einheit zusammengefaltet eins ist, wird auf der sinnlichen Ebene der Vielfalt notwendig auseinandergefaltet.

Auch die Entmythologisierung des 20. Jahrhunderts erinnert in manchen Zügen an den Versuch des Cusaners, denn auch hier ging es darum, den überzeitlichen Kern der »Sache« unter den relativen und unterschiedlichen Formen zu finden. Man kann dieser irenischen Suche nach der Einheit im Abstrakten gewiß vorwerfen, sie kümmere sich zu wenig um wirkliche Verschiedenheiten und übersehe vollständig den Wert der Geschichte und ihrer Eigengestalten. Doch im Falle des Cusaners wäre ein solcher Vorwurf sicher anachronistisch.

Im Unterschied zu modernen Bestrebungen zur Herstellung eines interreligiösen »Weltethos« geht der Cusaner viel weiter. Er beschränkt die mögliche Gemeinsamkeit nicht auf ethische Grundregeln – deren universale Geltung setzt er vielmehr voraus, sie stammen aus der Geistnatur des Menschen und nicht von den Religionsstiftern –, sondern er bemüht sich wirklich um die religiösen Fragen und Grundlagen. Dabei zeigt er einen sicheren Blick für das, was an zentralen gemeinsamen Themen zwischen den Religionen auch heute noch wichtig ist. Manche Theorien, wie etwa die des allen Religionen zugrunde liegenden Ur-Monotheismus, findet man dann erst bei Religionswissenschaftlern des 20. Jahrhunderts wieder (Wilhelm Schmidt).

Öfter baut Nikolaus von Kues für seine katholischen Leser von christlichen Praktiken her Brücken zum Verständnis anderer Religionen. So etwa zeigt er, daß das Wesen des Polytheismus aus der Heiligenverehrung zu begreifen sei.

Am gelungensten erscheint dem heutigen Leser wohl die Verbindung des christlichen Auferstehungsglaubens mit der allgemein menschlichen Sehnsucht nach dem ewigen Leben. Denn für den Cusaner wird diese Sehnsucht in der Auferstehung Jesu und in dem, was aus ihr folgt, erfüllt.

»Modern« ist der Cusaner in dieser Schrift dadurch, daß er überhaupt den Dialog zwischen den Religionen fordert und sich vorstellen kann. Erst im 20. Jahrhundert war das dann wieder möglich. Auch die Methode des Cusaners ist nicht grundsätzlich überholt. Sie findet sich – zweifellos mit Abwandlungen – in der Religionsphänomenologie und im Strukturalismus wieder. Auch die »liberale Religionstheorie« bemüht sich darum, eine Einheit zwischen den Religionen auf der Basis des Monotheismus herzustellen. Im Unterschied dazu ist der Cusaner jedoch darin von entwaffnender Ehrlichkeit, daß er seinen christlichen Standpunkt nirgends verleugnen will.

Gegenwärtige Relevanz

»Die Schrift stellt einen sympathischen Versuch dar, die Hauptideen des Christentums einmal von außen zu sehen«, und hätte der Cusaner den zweiten, am Schluß (in § 68) angedeuteten historischen Durchgang durchzuführen versucht, »das Ergebnis wäre unabsehbar geworden; die Relativität der griechisch-westlichen Welt mitsamt ihrer Einheits- und Logosidee wäre unleugbar geworden. Der Religionsdialog wäre unter völlig neue Bedingungen geraten – eben nicht mehr unter der Ägide der Einheits- und Logosmetaphysik des Neuplatonismus« (Flasch 1998, 381).

Zur vorliegenden Übersetzung

Für den Neutestamentler und lebenslangen Schüler des Cusanus bestand der Reiz einer Neuübersetzung und Kommentierung darin, daß der Cusaner an der Schwelle zur religionsgeschichtlichen Betrachtungsweise steht. Denn religionsgeschichtlich orientierte Exegese und Philosophie erscheinen auch heute noch als die Möglichkeiten, mit der Vernunft Frieden zwischen den Religionen zu erreichen.

Für die Übersetzungswissenschaftlerin bestand der Reiz darin, daß der Cusaner ein wesentliches Gebiet dieser modernen Disziplin selbst theoretisch erörtert: die Bindung der Religion an die jeweiligen Kulturen. Eine besondere Herausforderung bestand für beide Übersetzer auch darin, die offenkundig schwierige philosophische Argumentation heutigen Lesern zugänglich werden zu lassen.

Eine zweisprachige – lateinisch-deutsche – Ausgabe hat gegenüber einer einsprachigen deutschen Ausgabe für die Leser – zumindest für solche, die des Lateinischen (noch) mächtig sind – den Vorteil, daß man die Texte gewissermaßen synchron lesen kann, und für die Übersetzer den Nachteil, daß ihnen die Leser »auf die Finger schauen« und die Übersetzung nicht nur im Hinblick auf ihre sachlich-inhaltliche Aussage, sondern auch im Hinblick auf ihr Verhältnis oder ihre »Treue« zum Ausgangstext beurteilen. Wer das mit unserer Übersetzung tut und unter »Treue« eine Nachbildung der lateinischen Strukturen in Wortschatz und Satzbau erwartet, muß sich auf Überraschungen gefaßt machen. Daher seien im vorhinein ein paar Anmerkungen zur Art der Übersetzung gestattet.

In den letzten zwei Jahrzehnten hat sich die Vorstellung, was Übersetzen ist – oder sein sollte –, grundlegend gewandelt. Die Maxime »So treu wie möglich, so frei wie nötig«, die vor allem dazu diente, »*zu* freie« Übersetzungen (von »*zu* treuen Übersetzungen« ist nie die Rede!) zu brandmarken, die sich in der Formulierung nicht an das halten, »was im Text steht«, gilt allenfalls noch im Fremdsprachenunterricht. Dort, wo Computerhandbücher, Forschungsberichte, technische Dokumentationen, Bilanzen, Wirtschaftsinformationen, Kundenbroschüren oder auch Materialien für die Außendarstellung von Firmen übersetzt werden, hält man zwar auch viel von »Genauigkeit« und »Korrektheit« – diese bezieht sich aber weit weniger auf das *Wie* als auf das *Was* des Originaltextes. Dazu muß man nicht auf die neueren Übersetzungstheorien rekurrieren, weil es dort, wo Übersetzungen ein Kostenfaktor sind, schon immer darauf ankam, daß das Resultat, der sogenannte Zieltext, für die vorgesehenen Adressaten »funktioniert«, auch wenn dazu eine mehr oder weniger starke Bearbeitung des Textes notwendig sein sollte. Damit sind – nach unserer Auffassung, die durchaus im Gegensatz zu traditionellen Übersetzungskonzepten steht – die Grenzen dessen, was man eine »Übersetzung« nennen kann, keineswegs überschritten, solange die Bearbeitung aus den pragmatischen und kulturellen Unterschieden zwischen Ausgangs- und Zieldiskurs zu rechtfertigen ist. Eigene Entscheidungen des Übersetzers sind stets ein integraler Bestandteil jedes Übersetzungsvorgangs – ob es um die Auswahl zwischen verschiedenen möglichen Entsprechungen eines Wortes oder zwischen verschiedenen möglichen syntaktischen Strukturen geht oder um die Frage, ob zusätzliche Informationen für den zielkulturellen Adressaten notwendig sind, um etwaige Wissensdefizite auszugleichen, und, wenn ja, welche Informationen man in welcher Form (in einer Anmerkung, einem Glossar oder in den Text integriert) anbietet.

Nun sind die Ausführungen von Nicolaus Cusanus zum Frieden zwischen den Religionen zwar weit entfernt von einem Computerhandbuch oder einer Bedienungsanleitung. Doch auch im Fall des Cusanus-Textes gilt die Vorüberlegung, für wen und wozu unsere Übersetzung dienen soll. Denn es gibt niemals »die« Übersetzung eines bestimmten Ausgangstexts, sondern immer nur »die für einen bestimmten Zweck und Adressatenkreis geeignete« Übersetzung, wie schon der Bibelübersetzer Eugene A. Nida um die Mitte der sechziger Jahre des vorigen Jahrhunderts feststellte.

Eine zweisprachige Ausgabe kann zum einen dem Fremdsprachenerwerb, das heißt in unserem Falle: der Verbesserung der Lateinkenntnisse, dienen. Dann müssen in der Tat die lexikalischen und syntaktischen Strukturen des Ausgangstexts in der Übersetzung möglichst philologisch genau wiedergegeben werden. Sie kann zum zweiten als »Verständnishilfe« für einen kulturell (zeitlich und/oder geographisch) entfernten Text konzipiert sein. Dann ist es wichtig, daß Informationen, die im Ausgangstext selbst nicht explizit vorkommen, weil der Verfasser sie bei seinen Lesern als bekannt vorausgesetzt hat, für den heutigen deutschen Leser dort, wo sie zum Verständnis des Textes nötig sind, explizit gemacht werden. Drittens können in einer solchen Ausgabe Ausgangs- und Zieltext jeweils als eigenständige Textangebote nebeneinandergestellt werden: Wer gern lateinisch liest, kann dem Ausgangstext folgen – wer den Text lieber auf deutsch lesen möchte, läßt den lateinischen Text »links liegen«. Die erste Intention haben wir für uns ausgeklammert, das heißt: zum Lateinlernen eignet sich unsere Übersetzung nicht (aber vielleicht ein wenig zum Übersetzenlernen). Die zweite und dritte Intention haben wir versucht zu kombinieren: Der Zieltext soll allein lesbar und verständlich sein, und er soll denjenigen Lesern, die das wünschen, zusätzliches Hintergrundwissen liefern. Das bedeutet, daß die (unvermeidlichen) Fußnoten hauptsächlich über die sachlichen und kulturellen Bedingungen informieren, die für den Verfasser und die von ihm angesprochenen Leser selbstverständliche Gegenwart waren. Die Übersetzung als solche soll dagegen soweit wie möglich »selbsterklärend« sein und einen Text bieten, der in sich und für heutige deutschsprachige Leser kohärent ist. Unter Kohärenz verstehen wir auf der einen Seite die Verknüpfungen zwischen Äußerungen, die im Deutschen häufig durch zurückverweisende Konnektoren wie »daher«, »dazu«, »so zum Beispiel«, »infolgedessen«, »also«, Modalpartikeln wie »ja« oder »doch« oder vorausverweisende Elemente wie »folgende« geleistet werden, für die es im Lateinischen keine Entsprechungen gibt. Auf der anderen Seite gehört zur Kohärenz aber auch alles, was sich im Kopf des Lesers abspielt, wenn er das, was er liest, mit dem, was er schon weiß (einschließlich seiner Sprachkompetenz), in Beziehung zu setzen versucht. Wenn also beispielsweise der Verfasser im Zusammenhang mit Christen und Juden von *nationes* spricht, haben wir dies nicht mit »Nationen«, sondern mit »Religionsgemeinschaften« oder, in eindeutig auf die Menschen verweisenden Kontexten, mit »Religionen« wiedergegeben, weil Christen, Juden oder Moslems keine »Nationen« in dem Sinne bilden, wie der Begriff heute verstanden wird: nämlich als »große, meist geschlossen siedelnde Gemeinschaft von Menschen mit gleicher Abstammung, Geschichte, Sprache, Kultur, die ein politisches Staatswesen bilden«[4]. Da die Gesprächspartner von Paulus, Petrus und dem *Wort* nicht jeder für eine bestimmte Religion stehen, haben wir sie, wie es der Autor tut, als »der Deutsche«, »der Engländer«, »der Türke« oder »der Araber« gekennzeichnet – wenn allerdings die *arabes* neben *christiani* oder *judaei* stehen, werden sie als »Moslems« bezeichnet. Natürlich könnte man diese Umdeutung auch den Lesern selbst überlassen. Wir sehen es jedoch als Aufgabe eines Übersetzers an, nicht nur Wörter zu übersetzen (das könnte der Leser auch, wenn er sich ein lateinisch-deutsches Wörterbuch nimmt und unter *natio* bzw. *arabs* nachschaut), sondern die Informationen des Ausgangstexts so zu versprachlichen, daß der Zieltext in bezug auf das *Wie* den Rezeptionserwartungen und -bedingungen der zielkulturellen Leser entspricht, damit diese sich auf das *Was* konzentrieren können, das sicher auch ohne zusätzliche sprachliche Schwierigkeiten noch genug Verstehenshürden bietet. Solche Übersetzerentscheidungen werden in einer philologischen Übersetzung meist in Anmerkungen begründet. Jede Anmerkung ist jedoch ein »Metatext«, und es ist stets zu bedenken, daß eine zu große Zahl von Anmerkungen dem Leser die parallele Lektüre von mehreren Texten zumutet. Im Falle einer zweisprachigen Ausgabe wären es dann mindestens drei, wenn nicht vier verschiedene Texte, die man gleichzeitig liest: den lateinischen Text, den deutschen Text, die sachbezo-

---

4 Duden (1993): *Das große Wörterbuch der deutschen Sprache*, Mannheim: Dudenverlag.

genen Anmerkungen zum Inhalt des deutschen Texts und die sprach- oder übersetzungsbezogenen Anmerkungen zur sprachlichen Form des deutschen Texts. Dann aber ist der Text nur noch ein Studienobjekt und kann seine Aufgabe, eine Kommunikation zwischen dem Verfasser, hier: Nicolaus Cusanus, und den Lesern der Übersetzung herzustellen, nicht mehr erfüllen. Die von uns gebotenen Anmerkungen sind daher »Anmerkungen des Theologen« und nicht »Anmerkungen der Übersetzer«.

Zum lateinischen Text

Der lateinische Text der vorliegenden Ausgabe folgt der Edition: Nicolai de Cusa Opera omnia, hg. v. der Heidelberger Akademie der Wissenschaften, Band VII: De pace fidei, hg. v. Raymond Klibansky und Hildebrand Bascour, Hamburg: Felix Meiner 1959, S. 1-65.

Literatur

Colomer, E. (1995): *Nikolaus von Kues und Ramon Llull. Ihre Begegnung mit den nichtchristlichen Religionen*, Trier.

de Gandillac, Maurice (1971): »Una religio in rituum varietate«, in Haubst (Hg.), 92-112.

Decker, Bruno (1953): Nikolaus von Cues und der Friede unter den Religionen, in: J. Koch (Hg.) Humanismus, Mystik und Kunst in der Welt des Mittelalters (Studien u. Texte z. Geistesgeschichte des Mittelalters, 3), Leiden-Köln, 94-121.

Decker, Bruno (1962): Die Toleranzidee bei Nikolaus von Kues und in der Neuzeit, in: *Nicolò da Cusa. Convegno internazionale di Bressanone 1959*, Florenz 1962, 197-216.

Euler, W. A. (1990): *Unitas et pax. Religionsvergleich bei Raimundus Lullus und Nikolaus von Kues*, Würzburg.

Flasch, Kurt (1998): *Nikolaus von Kues. Geschichte einer Entwicklung. Vorlesungen zur Einführung in seine Philosophie*, Frankfurt/Main.

Hagemann, L. (1983): *Nikolaus von Kues im Gespräch mit dem Islam*, Altenberge.

Haubst, Rudolf (Hg.) (1971): *Nikolaus von Kues als Promotor der Ökumene. Akten des Symposions in Bernkastel-Kues vom 22. bis 24. September 1970*, Mainz.

Heinemann, W. (1987): *Einheit und Verschiedenheit. Das Konzept eines intellektuellen Religionsfriedens in der Schrift* De pace fidei *des Nikolaus von Kues*, Altenberge.

Heinz-Mohr, Gerd: Friede im Glauben. Die Vision des Nikolaus von Kues, in Haubst (Hg.), 166-184.

Kymeus, Johannes (1538): Des Babsts Hercules wieder die Deudschen (Wittenberg, Kommentierte Textausgabe von Otto Menzel in: *Cusanus-Studien VI*, Heidelberg 1941).

Lohr, Ch. (Hg.) (1997): *Anstöße zu einem Dialog der Religionen: Thomas von Aquin – Ramon Llull – Nikolaus von Kues*, Freiburg.

Schall, Anton (1971): Die Sichtung des Christlichen im Koran, in Haubst (Hg.), 76-90.

von Bredow, Gerda Freiin (1971): Die Weisen in De pace fidei, in Haubst (Hg.), 185-189.

Weier, Reinhold (1971): »Aus Gnade gerechtfertigt«, in Haubst (Hg.), 118-124.

DE PACE FIDEI

VOM FRIEDEN ZWISCHEN DEN RELIGIONEN

I

[1] Fuit ex hiis, quae apud Constantinopolim proxime sae-vissime acta per Turkorum regem divulgabantur, quidam vir zelo Dei accensus, qui loca illarum regionum aliquando viderat, ut pluribus gemitibus oraret omnium creatorem quod persecutionem, quae ob diversum ritum religionum plus solito saevit, sua pietate moderaretur. Accidit ut post dies aliquot, forte ex diuturna continuata meditatione, visio quaedam eidem zeloso manifestaretur, ex qua elicuit quod paucorum sapientum omnium talium diversitatum quae in re-ligionibus per orbem observantur peritia pollentium unam posse facilem quandam concordantiam reperiri, ac per eam in religione perpetuam pacem convenienti ac veraci medio constitui. Unde, ut haec visio ad notitiam eorum qui hiis ma-ximis praesunt aliquando deveniret, eam quantum memoria praesentabat, plane subter conscripsit.

[2] Raptus est enim ad quandam intellectualem altitudi-nem, ubi quasi inter eos qui vita excesserunt examen huiusce rei in condilio excelsorum, praesidente Cunctipotenti, ita ha-bitum est. Aiebat enim Rex caeli et terrae ad eum de regno huius mundi tristes nuntios gemitus oppressorum attulisse, ob religionem plerosque in invicem arma movere et sua po-tentia homines aut ad renegationem diu observatae sectae cogere aut mortem inferre. Fueruntque plurimi harum lamen-tationum ex universa terra geruli, quos Rex in pleno sancto-rum coetu proponere mandavit. Videbantur autem omnes illi

I

[1] Vor kurzem[1] hat der türkische Sultan[2] bei Konstantinopel grausam gewütet. Die Nachricht davon kam auch einem frommen Mann zu Ohren, dem die Sache sehr zu Herzen ging, weil er einst selbst in der Gegend[3] gewesen war. Darum bat er den Schöpfer aller Dinge inständig darum, gnädig etwas gegen die Verfolgung zu tun, die grausamer war als sonst üblich, weil sich der Konflikt an der Ausübung verschiedener Religionen entzündet hatte. Nach einigen Tagen hatte dieser fromme Mann, wohl weil er ununterbrochen in Meditation versunken war, eine Vision, die ihn zu der Überzeugung gelangen ließ, daß es einige wenige sehr weise Menschen gebe, die äußerst genau über die Unterschiede zwischen den Religionen der Erde Bescheid wüßten, und man daher einen sicheren Weg finden würde, auf dem man leicht zu einer Versöhnung und zu einem haltbaren Frieden zwischen den Religionen gelangen könne.

Daraufhin schrieb der Mann alles, was er gesehen hatte, aus dem Gedächtnis klar und übersichtlich nieder, damit es zu gegebener Zeit den dafür zuständigen Entscheidungsträgern zur Kenntnis gelangen könnte.

[2] Er berichtet, daß er in eine Himmelshöhe entrückt

---

1 D. h. am 29. Mai 1453. – N. Cusanus erhielt die Nachricht am 28. Juni 1543 in Brixen. Am 29. Juni hielt er zum Fest Peter und Paul die Predigt Nr. 126 (»Du bist Petrus«: Die Christen bilden mit ihrem Bekenntnis die überhöhende Mitte zwischen Juden, die Gott von allem Erkennbaren ablösen, und den Heiden, die Vergängliches anbeten. Jesus kam als Vermittler: Das Wesentliche jeder Religion findet sich in Christus. Das Christentum vereint in sich, was in den anderen Religionen gegensätzlich war).

2 Sultan Mohammed II. (1432-1481), gen. »der Eroberer«. 1463/64 Eroberung und Islamisierung Bosniens, Eroberung von Athen.

3 Hier meint sich der Cusaner selbst; er war 1437/38 in Konstantinopel.

quasi noti caelicolis a Rege ipso universi ab initio super singulas mundi provincias et sectas constituti; non einm habitu ut homines sed intellectuales virtutes comparebant.

[3] Dicebat enim princeps unus, omnium talium missorum vice, hanc sententiam: »Domine, rex universitatis, quid habet omnis creatura quod ei non dedisti? Ex limo terrae placuit corpus hominis formatum spiritu rationali per te inspirari, ut in eo reluceat ineffabilis virtutis tuae ymago. Multiplicatus est ex uno populus multus, qui occupat aridae superficiem. Et quamvis spiritus ille intellectualis, seminatus in terra, absorptus in umbra, non videat lucem et ortus sui initium, tu tamen concreasti eidem ea omnia per quae, excitatus admiratione eorum quae sensu attingit, possit aliquando ad te omnium creatorem oculos mentis attollere et tibi caritate summa reuniri, et sic demum ad ortum suum cum fructu redire.

wurde, wo der Geist sich leicht bewegen kann. Dort fand gerade eine Versammlung statt, bei der diejenigen, die schon aus dem Leben geschieden waren, also die Seligen, unter dem Vorsitz des allmächtigen Gottes mit den Engeln folgendermaßen über die Frage der Religionen diskutierten: Der König des Himmels und der Erde erklärte, seine Boten hätten ihm sehr betrübt aus dem Reich der Welt das Jammern und Stöhnen von Menschen überbracht, die unter Unterdrückung zu leiden hatten, weil sehr viele aus religiösen Gründen die Waffen gegeneinander erhöben und ihre Opfer zwängen, ihren traditionellen Anschauungen abzuschwören, wenn sie nicht getötet werden wollten. All die vielen Boten, die diesen Jammer auf der Erde von überallher überbrachten, ließ der König im Plenum der Seligen und der Engel vorführen. Alle, die da erschienen, waren offenbar dem himmlischen Publikum bekannt, denn sie waren ursprünglich vom König des Universums selbst dazu ausgesandt worden, über die einzelnen Weltgegenden und die religiösen Anschauungen zu wachen. Sie sahen nicht wie Menschen aus, sondern wie mächtige Geistwesen.

[3] Einer der Boten, der Erzengel, ergriff stellvertretend für die anderen das Wort und sagte: »Herr, König über alle Dinge, von dir hat jedes Geschöpf alles, was es besitzt. Du hast den Leib des Menschen aus dem Staub der Erde geformt und hast ihm Leben eingehaucht, eine Seele mit Vernunft, und so wurde er das leuchtende Abbild deines unfaßlichen Wesens. Aus dem einen Menschen wurde ein großes Volk, das die Erde bewohnt. Dieser Mensch mit seiner vernunftbegabten Seele ist nun zwar in die Erde gesät und so von Finsternis umgeben, daß er das Licht und seinen eigenen Ursprung gar nicht sehen kann.[4] Doch du hast mit ihm zusammen all das geschaffen, was es ihm möglich macht, im Staunen über alles, was er mit seinen Sinnen wahrnimmt, dann irgendwann die

4 Der Einfluß des Platonischen Höhlengleichnisses (Plato, *Staat*, Buch 7, 514 a-517 c) ist unverkennbar.

[4] Sed nosti, Domine, quod magna multitudo non potest esse sine multa diversitate, ac quod laboriosam aerumpnis et miseriis plenam paene omnes vitam ducere coguntur, et servili subiectione regibus qui dominantur subesse. Ex quo factum est, quod pauci ex omnibus tantum otii habent, ut propria utentes arbitrii libertate ad sui notitiam pergere queant. Multis enim corporalibus curis et servitiis distrahuntur; ita te, qui es Deus absconditus, quaerere nequeunt. Quare praeposuisti diversos reges atque videntes, qui prophetae dicuntur, populo tuo; quorum plerique legationis tuae officio usi tuo nomine cultum et leges instituerunt et rudem populum instruxerunt. Has leges perinde ac si tu ipse Rex regum facie ad faciem eis locutus fuisses acceptarunt, non eos sed te in ipsis audire credentes. Variis autem nationibus varios prophetas et magistros misisti, et alios uno, alios alio tempore. Habet autem hoc humana terrena condicio quod longa consuetudo, quae in naturam transisse accipitur, pro veritate defenditur. Sic eveniunt non parvae dissensiones, quando quaelibet communitas suam fidem alteri praefert.

Augen seines Verstandes zu dir, dem Schöpfer aller Dinge, zu erheben, sich mit dir in inniger Liebe wieder zu vereinen[5] und schließlich um seine Erfahrungen reicher zu seinem Ursprung zurückzukehren.

[4] Aber du weißt, Herr, daß eine große Menge immer aus vielen höchst unterschiedlichen Individuen besteht. Du weißt auch, daß fast alle gezwungen sind, ein Leben voller Arbeit, Last und Not zu führen, und daß sie von den Herrschenden wie Sklaven behandelt werden. Daher kommt es, daß nur wenige von ihnen überhaupt Zeit und Muße haben, mit ihrem eigenen freien Willensurteil zur Selbsterkenntnis zu gelangen. Weil sie von den Sorgen um ihr leibliches Wohl und ihre dienstlichen Verpflichtungen völlig in Anspruch genommen sind, kommen sie gar nicht dazu, dich, den verborgenen Gott, zu suchen.

Daher hast du verschiedene Könige und Seher, die sogenannten Propheten, an die Spitze deines Volkes gestellt. Die meisten von ihnen, die sich als von dir Beauftragte verstanden, haben in deinem Namen Regeln für die Religionsausübung und Gesetze erlassen und das ungebildete Volk unterwiesen.[6] Sie haben diese Gesetze so befolgt, als hättest du selbst als allerhöchster König sie ihnen von Angesicht zu Angesicht diktiert, weil sie deine Stimme, nicht die von Menschen darin zu hören glaubten.

Den verschiedenen Religionsgemeinschaften hast du zu verschiedenen Zeiten unterschiedliche Propheten und Lehrer

5 Bereits hier wird ein Weg der Erlösung (Staunen, Erkenntnis und Liebe) gezeichnet, der von christlichen Spezifika absieht. Es fällt überhaupt auf, daß der Cusaner besonders in dieser Schrift weitaus stärker philosophisch als biblisch orientiert ist.

6 Bemerkenswert: Die Titel »Propheten« und »Lehrer« gesteht der Cusaner den religiösen Führern aller Religionen zu. Überdies nimmt er an, daß Gott selbst diese gesandt hat. Diese überaus weitherzige Position verbindet er mit scharfer Religionskritik (Dünkel und Gewohnheit). Das dumme Volk, zu dem die Propheten gesandt sind, hält ihre Stimme fälschlich für die Stimme Gottes.

[5] Succurre igitur tu qui solus potes. Propter te enim, quem solum venerantur in omni eo quod cuncti adorare videntur, est haec aemulatio. Nam nemo appetit in omni eo quod appetere videtur nisi bonum, quod tu es; neque quisquam aliud omni intellectuali discursu quaerit quam verum, quod tu es. Quid quaerit vivens nisi vivere? Quid existens nisi esse? Tu ergo, qui es dator vitae et esse, es ille qui in diversis ritibus differenter quaeri videris et in diversis nominibus nominaris, quoniam uti es manes omnibus incognitus et ineffabilis. Non enim qui infinita virtus es, aliquod eorum es quae creasti, nec potest creatura infinitatis tuae conceptum comprehendere, cum finiti ad infinitum nulla sit proportio. Tu autem, omnipotens Deus, potes te qui omni menti invisibilis es, modo quo capi queas, cui vis visibilem ostendere. Noli igitur amplius te occultare, Domine; sis propitius et ostende faciem tuam, et salvi erunt omnes populi, qui amplius venam vitae et eius dulcedinem parum etiam praegustatam deserere nequeunt. Nam nemo a te recedit, nisi quia te ignorat.

geschickt. Nun ist es typisch menschlich, daß man eine alte Gewohnheit, die einem in Fleisch und Blut übergegangen ist, für die Wahrheit hält und sie entsprechend verteidigt. Nicht wenige Konflikte entstehen dadurch, daß eine Gemeinschaft ihren Glauben für besser hält als den der anderen.

[5] Komm ihnen zu Hilfe, Herr, du allein kannst hier helfen. Denn du bist der Grund für diesen Streit, dich allein verehren sie in allem, was sie jeweils anbeten. Denn ein jeder strebt in dem, was er erstrebt, nur nach dem einen Guten[7], und das bist du. Ein jeder sucht mit seinem Verstand nur die eine Wahrheit, und die bist du. Was will ein Lebendiger anderes als leben? Was will ein Seiender anderes als sein? Da du das Leben schenkst und das Sein, suchen sie dich, den einen, in all den verschiedenen Formen ihres Gottesdienstes, meinen sie dich mit all den verschiedenen Namen[8], weil dein wahres Wesen ein Geheimnis bleibt und nicht in Worte zu fassen ist.

Denn du bist keins von den Dingen, die du geschaffen hast, sondern du bist unendlich. Und kein Geschöpf kann deine Unendlichkeit in Begriffe fassen, weil man Endliches und Unendliches nicht in Beziehung setzen kann.

Doch auch wenn du, allmächtiger Gott, unbegreiflich bist, kannst du dich jemandem, von dem du willst, daß er dich begreift, in der Weise zeigen, wie du begriffen werden willst.

---

7 Hier wird die platonisch-aristotelische Lehre vom Guten, nach dem alle streben, mit der Gottesidee verknüpft. Impliziert ist folgende Argumentation: Weil alle nach dem Guten streben, streben alle nach Gott. Dieser Gott kann nur für alle derselbe sein und ist selbstverständlich der Gott, den die Christen anbeten.

8 Vgl. dazu den ältesten Text, den Cusanus zur Veröffentlichung bestimmt hat, seine Weihnachtspredigt von 1530 (oder 1528): »Nominatur humanis diversis vocibus, diversis linguis diversarum nationum. Licet nomen suum sit unicum, summum, infinitum, ineffabile et ignotum.« (Die Menschen haben auf verschiedene Weise versucht, ihn zu benennen, in verschiedenen Sprachen bei unterschiedlichen Religionsgemeinschaften. Doch sein Name ist einzigartig, ist der höchste, unbegrenzt, unaussprechlich und unbekannt.)

[6] Si sic facere dignaberis, cessabit gladius et odii livor, et quaeque mala; et cognoscent omnes quomodo non est nisi religio una in rituum varietate. Quod si forte haec differentia rituum tolli non poterit aut non expedit, ut diversitas sit devotionis adauctio, quando quaelibet regio suis cerimoniis quasi tibi regi gratioribus vigilantiorem operam impendet: saltem ut sicut tu unus es, una sit religio et unus latriae cultus. Sis igitur placabilis, Domine, quia ira tua est pietas, et iustitia misericordia: parce debili creaturae tuae. Ita nos, tui commissarii, quos populo tuo custodes concessisti et hic intueris, tuam maiestatem omni nobis possibili exorationis modo suppliciter deprecamur.«

Verbirg dich also nicht länger, Herr! Sei gnädig und laß dein Angesicht leuchten. Dann werden alle Völker erlöst, dann werden sie vom Quell des Lebens und der Lebensfreude, von dem sie am Anfang schon ein wenig gekostet haben, nicht mehr lassen wollen. Denn nur wer dich nicht kennt, kann auf dich verzichten.

[6] Wenn du dich in deiner Güte zeigst, werden Schwert und haßerfüllter Neid und alles Böse verschwinden. Dann werden alle erkennen, daß es trotz der verschiedenen Formen des Gottesdienstes nur eine einzige Religion gibt.[9] Die verschiedenen Formen zu vereinheitlichen ist weder möglich noch wünschenswert. Denn dadurch kümmert sich ja jedes Volk besonders hingebungsvoll um seine eigenen Bräuche, weil es denkt, gerade diese seien dir die liebsten. Doch wie du ein Einziger bist, soll es auch nur eine einzige Religion geben, in welcher der Eine, Einzige angebetet wird. So bitten wir dich um Versöhnung[10], Herr, denn dein Zorn ist Zeichen deiner Treue, und deine Gerechtigkeit Zeichen deines Erbarmens. Hab Mitleid mit deinen schwachen Geschöpfen, darum bitten wir, die wir hier als deine Abgesandten und von dir eingesetzte Hüter deines Volkes vor dir stehen, flehentlich in aller Demut deine Majestät.«

9 Daß es »eine Religion in verschiedenen Formen« gebe, ist die Übertragung des Grundansatzes der Concordantia catholica (1433) auf das Verhältnis zwischen den Religionen. Dabei ergibt sich jedoch folgendes Problem: Der Cusaner muß annehmen, daß auch die verschiedenen Lehren – also nicht nur die unterschiedlichen Riten – nur »Formen« für einen gemeinsamen Inhalt sind. Darin war dem Cusaner schon die platonisierende Mystik Meister Eckharts vorausgegangen.

10 Im Neuen Testament beseitigt die Versöhnung (durch den Tod Jesu) die Feindschaft zwischen Gott und Mensch; hier bezieht sich Versöhnung auf den Ausgleich verschiedener Lehren. Ein größerer Unterschied zum Neuen Testament ist kaum denkbar. Denn an eine Versöhnung der Religionen denkt das Neue Testament nicht. In Eph 2,15, der einzigen vergleichbaren Stelle zum Stichwort Versöhnung, ist das Entfallen jüdischer Ritualvorschriften (gr.: *dogmata*) gemeint.

II

[7] Ad hanc archangeli supplicationem cum omnes caelici cives se pariter Regi summo inclinarent, aiebat qui in trono sedebat hominem suo arbitrio dimissum, in quo arbitrio capacem eum suo consortio creasset. Sed quia animalis et terrenus homo sub principe tenebrarum in ignorantia detinetur, ambulans secundum condiciones vitae sensibilis quae non est nisi de mundo principis tenebrarum, et non secundum intellectualem interiorem hominem cuius vita est de regione originis sui: hinc aiebat se multa cura et diligentia per varios prophetas, qui aliorum comparatione videntes erant, deviantem hominem revocasse. Et tandem, quando nec omnes ipsi prophetae sufficienter principem ignorantiae superare possent, Verbum suum miserit, per quod fecit et saecula. Quod induit humanitate, ut sic saltem hominem docilem liberrimi arbitrii illuminaret, et videret non secundum exteriorem sed interiorem hominem ambulandum, si aliquando reverti speraret ad immortalis vitae dulcedinem. Et quia Verbum suum induit hominem mortalem, et in sanguine suo perhibuit testimonium veritati illi, scilicet hominem capacem esse aeternae vitae propter quam assequendam animalis et sensibilis vita pro nihilo habenda sit, quodque ipsa aeterna vita non sit nisi interioris hominis ultimum desiderium, scilicet veritas quae solum appetitur et, uti aeterna est, aeternaliter pascit intellectum. Quae quidem veritas intellectum pascens non est nisi Verbum ipsum, in quo complicantur omnia et per quod omnia explicantur, et quod humanam induit naturam, ut quilibet homo secundum electionem liberi arbitrii in sua humana natura, in homine illo qui et Verbum, immortale veritatis pabulum se assequi posse non dubitaret. Addens: »Et cum haec acta sint, quid est quod fieri potuit, et non est factum?«

[7] Auf dieses Bittgebet des Erzengels hin verneigten sich alle Himmelsbürger gemeinsam vor dem höchsten König. Gott, der auf dem Thron saß, antwortete: »Als ich den Menschen schuf, habe ich ihn mit einem freien Willen ausgestattet, damit er aufgrund dieser Willensfreiheit zur Gemeinschaft mit anderen Menschen fähig sei. Doch weil der Mensch erdgebunden und triebhaft ist und der Herrscher der Finsternis ihn in seiner Unwissenheit gefangenhält, kann er einfach nur seinen Trieben folgen, wie es in einer Welt, die vom Herrscher der Finsternis regiert wird, üblich ist, und nicht wie ein vernunftbestimmter Mensch leben, der sich an seinem Ursprung in Gott orientiert. In mühevoller Fürsorge habe ich versucht, den Umherirrenden durch verschiedene Propheten, die im Vergleich zu ihren Zeitgenossen wie Sehende unter Blinden waren, auf den rechten Weg zurückrufen zu lassen. Doch alle diese Propheten waren nicht stark genug, den Herrscher der Dummheit zu besiegen. Daher habe ich schließlich mein Schöpfungswort geschickt[11], durch das ich auch die Welt gemacht habe. Ich habe dieses Wort Mensch werden lassen, um auf diese Weise den Menschen, der doch eigentlich belehrbar und ganz frei in seiner Entscheidung ist, erkennen zu lassen, daß er sein Leben nicht an Äußerlichkeiten, sondern an inneren Werten orientieren muß, wenn er die Hoffnung nicht begraben will, jemals zur Freude unzerstörbaren Lebens zurückzukehren.

Das Wort zog einen sterblichen Menschen wie ein Gewand an[12] und stand mit seinem Blut dafür ein, daß der Mensch[13]

11 Zur Abfolge der Sendung (erst Propheten, dann Jesus Christus) vgl. Mk 12,1-10.

12 Vgl. schon Clemens v. Alexandrien, Stromateis 5,6 (353); Hippolyt, Theophanie 4.

13 Der Mensch ist gleichfalls Fleisch und Blut. Daß Jesus als wahrer Mensch mit Fleisch und Blut (vgl. besonders die Öffnung der Seite Jesu mit

III

[8] Ad quam interrogationem Regis regum, VERBUM caro factum, omnium caelicolarum principatum tenens, omnium vice respondit:

»Pater misericordiarum, etsi opera tua perfectissima sint et non restet pro eorum complemento quicquam adiciendum, tamen quia ab initio decrevisti hominem liberi arbitrii manere, et cum nihil stabile in sensibili mundo perseveret varienturque ex tempore opiniones et coniecturae fluxibiles, similiter et linguae et interpretationes, indiget humana natura crebra visitatione, ut fallaciae quae plurimum sunt circa Verbum tuum extirpentur et sic veritas continue elucescat. Quae cum sit una, et non possit non capi per omnem liberum intellectum, perducetur omnis religionum diversitas in unam fidem orthodoxam.«

tatsächlich das ewige Leben erlangen kann, wenn er nur das triebhafte, genußsüchtige Leben links liegenläßt. Denn die tiefste Sehnsucht des an inneren Werten orientierten Menschen ist das ewige Leben, die Wahrheit, die das alleinige Ziel allen Strebens ist und die, weil sie ewig ist, auch den menschlichen Geist auf Dauer befriedigen kann.

Diese Wahrheit, die den Geist befriedigt, ist ebendas Schöpfungswort, in dem alles beschlossen liegt und durch das alles erschlossen wird. Es hat die menschliche Natur wie ein Kleid angelegt, damit kein Zweifel daran besteht, daß sich jeder beliebige Mensch, wenn er sich denn mit seinem freien Willen dazu entscheidet, trotz seiner Menschennatur durch den, der zugleich Mensch und Schöpfungswort ist, an der unvergänglichen Wahrheit laben kann. Hätte ich etwa«, so fragte Gott schließlich, »noch mehr tun können?«

III

[8] Auf diese Frage hin antwortete das menschgewordene Wort, das den Vorsitz über alle Himmelsbewohner führte, stellvertretend für alle »Barmherziger Vater! Alle deine Werke sind vollkommen, sie könnten nicht vollkommener sein. Du hast nun am Anfang beschlossen, daß der Mensch einen freien Willen haben soll. Da nun aber in einer Welt der Triebe nichts Halt bietet, weil sich im Verlauf der Zeit Anschauungen und Vorstellungen immer wieder ändern, genau wie auch die Sprache und das Verstehen, darum verlangt die menschliche Natur danach, daß du dich ihr zeigst, um mit den zahlreichen Irrmeinungen, die über dein Wort kursieren, aufzuräumen, damit die Wahrheit ungehindert leuchten

---

der Lanze nach Joh 19) auferweckt und erhöht wurde, ist heilsbedeutsam für alle, die wie Jesus Fleisch und Blut sind.

[9] Placuit Regi. Et advocatis angelis qui omnibus nationibus et linguis praesunt, cuilibet praecepit, ut unum peritiorem ad Verbum caro factum adduceret. Et mox in conspectu Verbi comparuerunt, scilicet viri graviores mundi huius, quasi in extasim rapti, quos Verbum Dei sic alloquebatur:

»Audivit Dominus, rex caeli et terrae, gemitum interfectorum et compeditorum et in servitutem redactorum, qui ob religionum diversitatem patiuntur. Et quia omnes, qui hanc aut faciunt aut patiuntur persecutionem, non aliunde moventur nisi quia sic saluti credunt expedire et suo creatori placere, misertus est igitur Dominus populo, et contentatur omnem religionum diversitatem communi omnium hominum consensu in unicam concorditer reduci amplius inviolabilem. Hoc onus ministerii vobis viris electis committit, dando vobis assistentes ex sua curia administratorios angelicos spiritus qui vos custodiant ac dirigant, locum deputans Iherusalem ad hoc aptissimum.«

kann. Wenn es nur eine Wahrheit gibt[14], muß sie einfach jeder freie Geist erfassen können. Und dadurch werden all die unterschiedlichen Religionen in den einen rechten Glauben zusammengeführt.«

[9] Dem König gefiel der Vorschlag. Er rief die Engel herbei, die für die einzelnen Religionen und Sprachen zuständig sind, und gebot ihnen, jeweils einen besonders Kundigen zum menschgewordenen Wort zu schicken. Und sogleich erschienen vor dem Wort die klügsten Menschen dieser Welt, die wie in Ekstase entrückt waren. Das Wort Gottes sagte zu ihnen:

»Gott der Herr, der König des Himmels und der Erde, hat das Stöhnen all derer gehört, die aufgrund von Konflikten zwischen den verschiedenen Religionen ermordet werden oder Gefangenschaft und Unterdrückung erleiden. Und dabei glauben alle, Verfolger und Verfolgte, daß sie nur auf diese Weise etwas für ihr Heil und ihrem Schöpfer zu Gefallen tun können. Daher hat sich der Herr seines Volkes erbarmt und erklärt sich damit einverstanden, daß alle verschiedenen Religionen mit Zustimmung aller Menschen in eine einzige Religion zusammengeführt werden, die fortan von keinem mehr angegriffen werden darf. Euch hat er dazu ausersehen, die Verantwortung für diese Aufgabe zu übernehmen. Zu eurer Unterstützung gibt er euch Engel aus seinem Palast mit, die euch schützen und leiten sollen. Der geeignetste Ort für die Durchführung dieses Vorhabens ist Jerusalem.«

14 Daß es nur eine Wahrheit geben kann, ist die Grundvoraussetzung des Cusaners in dieser Schrift. Für ihn ist das selbstverständlich. Anders die Auffassung der Postmoderne, wonach es gerade im Bereich der Religionen nur mehrere miteinander konkurrierende Wahrheiten gibt.

[10] Ad haec unus prae ceteris senior et, ut apparuit, GRAE-
CUS, praemissa adoratione respondit:

»Laudes Deo nostro dicimus, cuius misericordia super omnia opera eius, qui solus potens est efficere quod in unam con-
cordantem pacem tanta religionum diversitas conducatur,
cuius praecepto nos factura eius non possumus non oboedire.
Oramus tamen nunc instrui, quo modo haec per nos religionis unitas possit introduci. Nam aliam fidem ab ea, quam
natio quaelibet etiam sanguine hactenus defendit, nostra
persuasione difficulter acceptabit.«

Respondit VERBUM: »Non aliam fidem, sed eandem unicam undique praesupponi reperietis. Vos enim qui nunc ade-
stis, inter vestrae linguae consortes sapientes dicimini, aut
saltem philosophi seu sapientiae amatores.«

»Ita est«, inquit GRAECUS.

»Si igitur omnes amatis sapientiam, nonne ipsam sapientiam esse praesupponitis?«

Clamabant omnes simul neminem dubitare eam esse.

[11] Subiunxit VERBUM: »Non potest esse nisi una sapientia. Si enim possibile foret plures esse sapientias, ilias ab una
esse necesse esset; ante enim omnem pluralitatem est unitas.«

GRAECUS: »Nemo nostrum haesitat in hoc, quin sit una sapientia, quam omnes amamus et propter quam philosophi no-
minamur; cuius participatione sunt multi sapientes, sapientia
ipsa simplici et indivisa in se permanente.«

VERBUM: »Concordatis igitur omnes unam esse simplicissi-
mam sapientiam, cuius vis est ineffabilis. Et experitur quis-

IV

[10] Daraufhin meldete sich der Älteste von allen, dem Aussehen nach ein GRIECHE[15], zu Wort. Er fiel vor Gott nieder und sagte: »Lob unserem Gott! Allem, was er geschaffen hat, schenkt er seine Barmherzigkeit. Er allein kann erwirken, daß so unterschiedliche Religionen in einen von allen gemeinsam getragenen Friedenszustand geführt werden. Als seine Geschöpfe müssen wir seiner Weisung nachkommen. Aber wir bitten doch darum, daß man uns erklärt, wie diese eine Religion durch uns eingeführt werden kann. Denn keine Religionsgemeinschaft werden wir ohne weiteres dazu überreden können, einen Glauben anzunehmen, der anders ist als ihr eigener, den sie vielleicht mit Märtyrerblut verteidigt hat.«

Das Wort entgegnete: »Es geht nicht um einen anderen Glauben. Vielmehr werdet ihr feststellen, daß überall derselbe Glaube vorausgesetzt wird. Es ist genau so wie mit der Weisheit. Ihr alle hier werdet doch von euren Landsleuten, die dieselbe Sprache sprechen wie ihr, ›Weise‹ genannt oder auch ›Philosophen‹ beziehungsweise ›Freunde der Weisheit‹, nicht wahr?«

»Ja, das ist richtig«, erwiderte der Grieche.

»Wenn ihr alle die Weisheit liebt, dann setzt ihr doch wohl voraus, daß es ›die Weisheit‹ gibt?« Sogleich riefen alle, daran bestehe doch nicht der geringste Zweifel.

[11] Daraufhin sagte das Wort: »Es kann aber nur eine einzige Weisheit geben. Denn selbst wenn es möglich wäre, daß es mehrere Weisheiten gibt, dann müßten sie zwangsläufig von einer einzigen abstammen. Denn jede Vielheit entsteht aus einer Einheit.«

DER GRIECHE: »Keiner von uns bezweifelt, daß es eine ein-

---

15 Der Grieche wird hier offensichtlich zum Thema »Weisheit« bzw. »Philosophie« eingeführt. Das entspricht dem Klischee von den Griechen schon in 1 Kor 1,22 (Die Griechen fragen nach Weisheit).

que in explicatione virtutis eius ineffabilem ac infinitam vim illam. Quando enim visus ad ea quae visibilia sunt se convertit et, quicquid intuetur, attendit ex vi sapientiae prodiisse – ita de auditu et singulis quae sensus attingit –, invisibilem sapientiam omnia excedere affirmat.«

[12] GRAECUS: »Nec nos qui hanc fecimus philosophiae professionem, alia via dulcedinem sapientiae quam rerum quae sensu subiacent admiratione praegustatam amamus. Quis enim non moreretur pro adipiscenda tali sapientia, ex qua omnis emanat pulchritudo, omnis dulcedo vitae et omne desiderabile? In opificio hominis quanta relucet virtus sapientiae, in membris, ordine membrorum, vita infusa, armonia organorum, motu, et demum in spiritu rationali, qui capax est artium mirabilium et est quasi signaculum sapientiae, in quo super omnia ut in propinqua ymagine relucet sapientia aeterna ut veritas in propinqua similitudine! Et quod super omnia mirabilius est, relucentia illa sapientiae per vehementem conversionem spiritus ad veritatem plus et plus accedit, quousque viva ipsa relucentia de umbra ymaginis continue verior fiat et conformior verae sapientiae, licet absoluta ipsa sapientia numquam sit, uti est, in abo attingibilis; ut sit sic perpetuus et indeficiens cibus intellectualis ipsa aeterna inexhauribilis sapientia.«

VERBUM: »Recte inceditis ad nostrum quo tendimus propositum. Omnes igitur vos, etsi diversarum religionum vocemini, unum praesupponitis in omni diversitate tali, quod sapientiam nominatis. Sed dicite, complectiturne una sapientia omne quod dici potest?«

zige Weisheit gibt. Wir alle lieben sie, und deswegen nennt man uns Philosophen, »Freunde der Weisheit«. Obwohl es viele Weise gibt, die an ihr Anteil haben, ist die Weisheit selbst eine einfache Einheit, die ungeteilt in sich selbst ruht.

DAS WORT: So seid ihr euch also alle einig, daß es die eine, ganz einfache Weisheit gibt, deren Begriff man nicht in Worte fassen kann. Aber jeder kann etwas von der Wirkung dieses nicht mit Worten zu beschreibenden, grenzenlosen Etwas erfahren. Wenn wir nämlich auf das schauen, was sichtbar ist, können wir feststellen, daß das, was wir sehen (oder hören oder sonst mit unseren Sinnen wahrnehmen), eine Wirkung der Weisheit ist[16], was beweist, daß die unsichtbare Weisheit über alles Sichtbare hinausgeht.

[12] DER GRIECHE: Auf demselben Wege lernen wir Berufsphilosophen, die Freude an der Weisheit zu lieben: Wir staunen über die Dinge, die wir mit den Sinnen wahrnehmen, und das ist schon ein Vorgeschmack der Freude an der Weisheit. Wer würde nicht sein Leben dafür geben, um jene Weisheit zu gewinnen, in der alle Schönheit und alle Lebensfreude ihre Quelle und alles Ersehnenswerte seinen Ursprung hat! Nehmen wir nur einmal den Menschen, dieses Wunderwerk der Schöpfung! Von wieviel Weisheit zeugen die Gestalt und Funktion seiner Gliedmaßen, das Ein- und Ausatmen, das Zusammenspiel der Organe, jede Bewegung und nicht zuletzt die Ratio, die wahre Meisterleistungen vollbringen kann. An ihr zeigt sich gewissermaßen die Handschrift der Weisheit, deren Widerschein in ihr mehr als in allem anderen aufleuchtet, so wie in einer werkgetreuen Kopie ein Hauch des Originals sichtbar wird. Und das Wunderbarste ist, daß dieser sichtbare Widerschein der Weisheit, wenn sich der Geist ihr mit Feuereifer zuwendet, der Wahrheit immer näher

16 Zur Weisheit als Schöpfungsmittlerin vgl. Weish 9,2.4 (»Durch deine Weisheit hast du den Menschen ausgerüstet, damit er herrsche ... Gib mir die Weisheit, deine Throngenossin ...«) und 9 (»Bei dir ist die Weisheit, die deine Werke kennt und dabei war, als du die Welt erschufst«).

V

[13] Respondit YTALUS: »Ymmo non est Verbum extra sapientiam. Verbum enim summe sapientis in sapientia est, et in Verbo sapientia, nec quicquam extra eam. Omnia enim infinita complectitur sapientia.«

VERBUM: »Si quis igitur diceret omnia in sapientia creata et alius omnia in Verbo creata, dicerentne illi idem aut diversum?«

YTALUS: »Licet appareat diversitas in dictione, est tamen idem in sententia. Nam creatoris Verbum in quo cuncta creavit, non potest esse nisi sapientia eius.«

kommt, bis er, der ja nur ein Abglanz des Urbildes ist, immer
wahrer und der wahren Weisheit immer ähnlicher wird[17], obwohl die Weisheit als solche, so wie sie ist, niemals in etwas
anderem greifbar wird. So ist die ewige Weisheit selbst niemals auszuloten und bleibt eine nie versiegende Quelle der
Nahrung für den Geist.«

DAS WORT: »Ihr schlagt den richtigen Weg zu unserem gemeinsamen Vorhaben ein. Ihr alle setzt also, obwohl ihr
euch zu unterschiedlichen Religionen bekennt, in all dieser
Verschiedenheit ein Einziges voraus, das ihr Weisheit nennt.
Doch erklärt mir eines: Umfaßt die eine Weisheit nicht alles,
was man sagen kann?«

V

[13] Darauf erwiderte der ITALER: »Doch, das tut sie. Außer-
halb der Weisheit gibt es kein Wort.[18] Das Wort, wie es sich
selbst der Weiseste vorstellt, ist in der Weisheit zu Hause,
und in diesem Wort ist die Weisheit. Es gibt nichts, das außer-
halb der Weisheit besteht. Denn weil die Weisheit ohne Grenzen ist[19], umfaßt sie alles.«

DAS WORT: »Wenn also der eine sagt: ›Alles ist durch die

17 Die Weisheit erfassen bedeutet daher der am Ende unfaßbaren Weisheit
ähnlich werden.

18 Die Weisheit wird ebenso als personhafte Größe vorgestellt wie das
(Schöpfungs-)Wort Gottes. Man nennt beides »Hypostasen«, also nicht
bloße Eigenschaften Gottes, sondern quasi selbständige Mächte, die zwischen Gott und Welt »vermitteln«. Nach christlicher Anschauung sind das
Wort (Gottes) als Schöpfungsmittler und die Weisheit (Gottes) als Schöpfungsmittlerin letztlich identisch. Vgl. dazu Joh 1,1-3 und Weish (Sap Sal)
9,1 f (» ... der du das All durch dein Wort gemacht und durch deine Weisheit
den Menschen ausgerüstet hast ...«).

19 Vgl. Weish (Sap Sal) 7,22-27 (Die Weisheit durchdringt alles und ist Abbild von Gottes Vollkommenheit).

[14] VERBUM: »Quid igitur apparet vobis: est sapientia illa Deus aut creatura?«

YTALUS: »Quia Deus creator omnia creat in sapientia, ipse est necessario sapientia creatae sapientiae. Ante enim omnem creaturam est sapientia, per quam omne creatum id est quod est.«

VERBUM: »Sic sapientia est aeterna, quia ante omne initiatum et creatum.«

YTALUS: »Nemo negare potest quin id quod intelligitur esse ante omne principiatum sit aeternum.«

VERBUM: »Est ergo principium.«

YTALUS: »Ita est.«

VERBUM: »Ergo simplicissimum. Omne enim compositum est principiatum; componentia enim non possunt esse post compositum.«

YTALUS: »Fateor.«

[15] VERBUM: »Sapientia igitur est aeternitas.«

YTALUS: »Nec hoc aliter esse potest.«

VERBUM: »Non est autem possibile plures esse aeternitates, quia ante omnem pluralitatem est unitas.«

YTALUS: »Neque id quisquam diffitetur.«

VERBUM: »Est igitur sapientia Deus unus, simplex, aeternus, principium omnium.«

YTALUS: »Ita necesse est.«

VERBUM: »Ecce quomodo vos, variarum sectarum philosophi, in religione unius Dei quem omnes praesupponitis, in eo quod vos amatores sapientiae profitemini, concordatis.«

Weisheit geschaffen‹ und der andere: ›Alles ist durch das Wort geschaffen‹, sagen sie dann dasselbe oder Verschiedenes?«

DER ITALER: »Der Ausdruck ist verschieden, doch die Bedeutung ist dieselbe. Denn das Wort des Schöpfers, durch das alles geschaffen wurde, kann nur seine Weisheit sein.«

[14] DAS WORT: »Was meint ihr nun: Ist jene Weisheit Gott – oder ist sie ein Geschöpf?«

DER ITALER: »Weil Gott, der Schöpfer, alles durch die Weisheit erschafft, ist er selbst die Weisheit der geschaffenen Weisheit in Person.[20] Denn vor aller Kreatur gibt es die Weisheit, durch die alles Geschaffene das ist, was es ist.«

DAS WORT: »Dann ist also die Weisheit ewig, weil sie vor allem existiert, was einen Anfang in der Zeit hat und geschaffen ist.«

DER ITALER: »Keiner wird bestreiten, daß das, was – so wie wir es verstehen – vor all dem besteht, was einen zeitlichen Anfang hat, ewig ist.«

DAS WORT: »Das ist dann also der Ursprung von allem.«

DER ITALER: »Genau.«

DAS WORT: »Dann muß es auch eine ganz einfache Einheit sein. Denn wenn alles Zusammengesetzte[21] einen Anfang in der Zeit hat, müssen die Teile, aus denen sich etwas zusammensetzt, vor dem Zusammengesetzten dagewesen sein.«

DER ITALER: »Das stimmt.«

[15] DAS WORT: »Die Weisheit ist also die Ewigkeit.«

DER ITALER: »Genauso ist es.«

DAS WORT: »Es kann aber nicht mehrere Ewigkeiten geben. Denn vor jeder Vielheit ist die Einheit.«

20 Die geschaffene Weisheit ist z. B. die Weisheit von Menschen. Die »Weisheit der Weisheit«, d. h. die Größe, durch welche die Weisheit weise ist, kann nur Gottes eigene Weisheit sein. Sie ist nur gedanklich von Gott zu unterscheiden, aber keine wirklich selbständige Person, vielmehr nur personhaft; die Weisheitsliteratur stellt sie u. a. als Tochter Gottes vor.

21 Zusammengesetzt zu sein ist für den Cusaner ein Merkmal des Geschaffenen. Alles Ewige ist einfach. Das heißt: Es ist absolut mit sich selbst identisch.

VI

[16] Hic ARABS exorsus respondit: »Nihil clarius nec verius dici potest.«

VERBUM: »Sicut autem vos profitemini, ex eo quia amatores sapientiae, absolutam sapientiam, putatisne homines intellectu vigentes non amare sapientiam?«

ARABS: »Puto verissime omnes homines natura appetere sapientiam, cum sapientia sit vita intellectus, qui alio cibo quam veritate et verbo vitae seu pane suo intellectuali, qui sapientia est, in vita sua conservari nequit. Sicut enim omne existens appetit omne id sine quo existere non potest, ita intellectualis vita sapientiam.«

VERBUM: »Omnes ergo homines profitentur vobiscum unam absolutam sapientiam esse quam praesupponunt; quae est unus Deus.«

ARABS: »Sic est, et aliud nemo intelligens astruere potest.«

VERBUM: »Una est igitur religio et cultus omnium intellectu vigentium, quae in omni diversitate rituum praesupponitur.«

DER ITALER: »Auch das wird niemand bestreiten.«

DAS WORT: »Daher ist die Weisheit Gott, einer, einfach, ewig und Anfang aller Dinge.«

DER ITALER: »Das ist die logische Folge.«

DAS WORT: »Ihr seht also, daß ihr, obwohl ihr als Philosophen verschiedenen Richtungen angehört, in dem religiösen Bekenntnis zu dem einen Gott übereinstimmt.[22] Ihr alle setzt ihn voraus, weil ihr euch dazu bekennt, Freunde der Weisheit zu sein.«

VI

[16] An dieser Stelle ergriff der ARABER das Wort: »Man kann es nicht klarer und deutlicher sagen.«

DAS WORT: »Auch ihr bekennt ja die eine absolute Weisheit, weil ihr die Weisheit liebt. Haltet ihr es für möglich, daß es irgendeinen vernünftigen Menschen gibt, der die Weisheit nicht liebt?«

DER ARABER[23]: »Ich bin davon überzeugt, daß es in der Natur des Menschen liegt, nach der Weisheit zu streben. Denn die Weisheit ist Leben für den Geist, weil die einzige Nahrung, die ihn am Leben erhalten kann, sozusagen sein tägliches Brot, die Wahrheit und das lebendige Wort sind, also die Weisheit. Wenn alles, was ist, nach dem strebt, ohne das es nicht leben kann, strebt der Geist nach Weisheit.«

DAS WORT: »Also bekennen alle Menschen gemeinsam mit euch, daß es eine absolute Weisheit gibt, die von allen vorausgesetzt wird. Diese Weisheit ist der eine Gott.«

---

22 Der Cusaner setzt voraus, daß die grundlegende Einheit und Einfachheit vor und über aller Vielheit identisch ist mit dem biblischen Gott. Nach Plato könnte dieses nur »das Göttliche« sein.

23 Der Araber kommt hier zu Wort als Vertreter des Islam, der selbstverständlich die strenge Linie des Monotheismus vertritt.

[17] ARABS: »Tu es sapientia, quia Verbum Dei. Quaeso cultores plurium deorum, quomodo cum philosophis in uno Deo concurrunt? Nam nullo umquam tempore philosophi aliter sensisse reperiuntur, quam quod impossibile sit esse plures deos quibus unus superexaltatus non praesit; qui solus est principium a quo alii habent quicquid habent, multo excellentius quam monas in numero.«

VERBUM: »Omnes qui umquam plures Deos coluerunt, divinitatem esse praesupposuerunt. Illam enim in omnibus diis tamquam in participantibus eandem adorant. Sicut enim albedine non existente non sunt alba, ita divinitate non existente non sunt dii. Cultus igitur deorum confitetur divinitatem. Et qui dicit plures deos, dicit unum antecedenter omnium principium; sicut qui asserit plures sanctos, unum sanctum sanctorum, cuius participatione omnes alii sancti sunt, admittit. Numquam gens aliqua adeo stolida fuit quae plures crederet deos, quorum quisque foret prima causa, principium aut creator universi.«

ARABS: »Ita puto. Nam contradicit sibi ipsi plura esse principia prima. Principium enim cum non possit esse principiatum, quia a seipso foret principiatum et esset antequam esset, quod non capit ratio, ideo principium est aeternum. Et non est possibile plura esse aeterna, quia ante omnem pluralitatem unitas. Ita unum necessario erit principium et causa universi. Ob hoc non repperi hactenus gentem aliquam in hoc a veritatis via declinasse.«

DER ARABER: »So ist es, etwas anderes kann kein vernünftiger Mensch vertreten.«

DAS WORT: »Also setzen alle vernünftigen Menschen trotz der Verschiedenheit der Gottesdienstformen nur eine einzige Religion und Gottesverehrung voraus.«[24]

[17] DER ARABER: »Du bist die Weisheit, weil du Gottes Wort bist. Nun muß man aber doch diejenigen, die viele Götter verehren, fragen, wieso sie mit den Philosophen in der Annahme eines einzigen Gottes übereinstimmen können. Denn die Philosophen haben immer nur die Meinung vertreten, daß dort, wo es mehrere Götter gebe, auf jeden Fall einer von ihnen über alle erhaben sein müsse, der allein der Ursprung sei, aus dem alle anderen das erhalten haben, was sie haben, und dessen Erhabenheit über diese noch viel größer sei als die der Monade über jegliche Zahl.«[25]

DAS WORT: »Alle, die jemals mehrere Götter verehrt haben, gingen davon aus, daß es so etwas wie ›Göttlichkeit‹ gibt, was allen Göttern gemeinsam ist und was sie in allen Göttern anbeten. So wie es ohne die Farbe Weiß keine weißen Gegenstände gibt, kann es auch ohne Göttlichkeit keine Götter geben. Die polytheistischen Religionen bekennen daher Göttlichkeit. Und wer sagt, daß es viele Götter gibt, impliziert damit, daß sie alle auf einem gemeinsamen, ihnen vorausgehenden ›Prinzip‹ beruhen. So wie man ja auch, wenn man sagt, daß es mehrere Heilige gibt, damit impliziert, daß es einen Heiligen gibt, der heiliger ist als alle anderen und an dessen Heiligkeit die anderen Anteil haben. Kein Volk war je so dumm, daß es jeden der Götter, an die es glaubt, für die erste

24 Denn die Vielheit setzt die Einheit voraus. Aus dieser erkenntnistheoretischen Logik (Götter gäbe es nicht ohne das Göttliche) wird ein ontologischer Sachverhalt erschlossen, und zwar mit Hilfe des Arguments der Implikation.

25 Hier verbindet sich Platonismus mit neuplatonisch-pythagoreischer Zahlenspekulation wie schon bei Philo v. Alexandrien (20 v. Chr. bis 60 n. Chr.).

[18] VERBUM: »Si igitur omnes qui plures deos venerantur respexerint ad id quod praesupponunt, scilicet ad deitatem quae est causa omnium, et illam uti ratio ipsa dictat in religionem manifestam assumpserint, sicut ipsam implicite colunt in omnibus quos deos nominant, lis est dissoluta.«

ARABS: »Forte hoc non foret difficile, sed tollere culturam deorum erit grave. Nam populus suffragia sibi ex cultura praestari pro certo tenet et inclinatur ob hoc pro sua salvatione ad illa numina.«

VERBUM: »Si de salvatione pari iam dicto modo informaretur, populus potius quaereret salvationem in eo qui dedit esse et est ipse salvator atque salvatio infinita, quam in hiis qui ex se nihil habent nisi ab ipso salvatore concedatur. Ubi vero populus ad deos qui sancti habiti sunt omnium opinione, quia deiformiter vixerunt, confugeret quasi ad acceptum intercessorem in quadam aut infirmitate aut alia necessitate, aut eundem dulia veneratione adoraret seu eius memoriam reverenter ageret, quia amicus Dei et cuius vita est imitanda: dummodo uni soli Deo omnem daret latriae cultum, non contradiceret unicae religioni, et hoc modo populus facile quietaretur.«

Ursache, den Ursprung aller Dinge oder den Schöpfer des Universums gehalten hätte.«

Der Araber: »Das meine ich auch. Es wäre ja ein Widerspruch in sich selbst, von mehreren Ursprüngen zu reden. Denn eine Ursache kann nicht gleichzeitig eine Folge sein. Denn sonst würde ja die Folge aus sich selbst heraus bestehen, bevor sie entsteht, und das widerspricht jeder Vernunft. Daher muß der Ursprung ewig sein. Und viele ›Ewiges‹ kann es nicht geben, weil ja vor aller Vielheit die Einheit liegt. Daher muß es zwangsläufig einen einzigen Anfang als einen und einzigen Ursprung des Universums geben. Aus diesem Grund habe ich auch bisher noch kein Volk gefunden, das in diesem Punkt vom Weg der Wahrheit abgewichen wäre.«

[18] Das Wort: »Wenn sich also alle, die mehrere Götter anbeten, auf das besännen, was sie voraussetzen, nämlich die Göttlichkeit, die der Ursprung all ihrer Götter ist, und wenn sie diese Göttlichkeit, die sie jetzt schon implizit in allen, die sie Götter nennen, verehren, dann auch, wie es schon die bloße Vernunft fordert, ausdrücklich in ihren Gottesdienst aufnähmen[26], dann wäre der Streit beigelegt.«

Der Araber: »Letzteres wäre vielleicht nicht so schwierig. Aber die Abschaffung der Verehrung der vielen Götter wäre schon ein großes Problem, weil die Leute davon überzeugt sind, daß sie sich dadurch die Götter gewogen machen, und deswegen um ihres Heils willen an ihrer Verehrung festhalten würden.«

Das Wort: »Wenn man aber den Menschen so, wie wir es eben besprochen haben, klarmacht, wo ihr Heil wirklich liegt, dann würden sie möglicherweise ihre Erlösung eher bei dem suchen, der ihnen das Dasein geschenkt hat[27] und

26 Hier wird der Gedankengang schwierig: Wie soll man neben persönlichen Göttern auch das Göttliche verehren, und das auch noch am meisten?

27 Hier findet sich wieder die schon bemerkte Identifizierung des »Göttlichen« (schlechthin) mit dem biblischen Gott.

VII

[19] Hic INDUS: »Quid tunc de statuis et simulacris?«

VERBUM: »Ymagines quae ad notitiam deducunt ea, quae in vero unius Dei cultu conceduntur, non dampnantur. Sed quando a cultu latriae unius Dei abducunt, quasi in ipsis lapidibus sit aliquid divinitatis et statuae alligetur, tunc quia decipiunt et a veritate avertunt, merito confringi debent.«

INDUS: »Difficile est populum avertere ab inveterata ydolatria, ob responsa quae dantur.«

VERBUM: »Raro haec responsa aliter quam per sacerdotes, qui sic numen referunt respondisse, fabricantur. Nam quaesito proposito, aut arte aliqua quam ex caeli dispositione in observantiam perduxerunt, aut sorte confingunt responsum quod numini ascribunt, quasi sic caelum aut Appollo vel Sol iubeat respondere. Quapropter accidit illa plerumque esse aut ambigua, ne aperte convincantur de mendacio, aut penitus mendosa; et si aliquando vera, casu vera. Et quando sacerdos est bonus coniector, melius divinat, et responsa sunt veriora.«

der Erlöser und unbegrenzte Erlösung in einer Person ist, als bei denen, die alles, was sie haben, ohnehin nur vom Erlöser verliehen bekommen haben. Anders ist es mit Göttern, die nach Meinung aller als heilig gelten, weil sie heilig gelebt haben. Wenn die Menschen bei solchen Göttern in Krankheit oder Not Zuflucht suchen wie bei einem willkommenen Fürsprecher oder in demütiger Verehrung zu ihnen beten oder zu ihren Ehren Feste feiert, weil sie Freunde Gottes waren oder ein beispielhaftes Leben geführt haben[28], dann stände das nicht im Widerspruch zu der einzigen Religion, solange nur dem einen einzigen Gott alle Anbetung zuteil würde. Dieses Zugeständnis könnte man den Leuten ohne weiteres machen.«

VII

[19] Daraufhin fragte der INDER[29]: »Wie ist es aber mit Statuen und Götterbildern?«

DAS WORT: »Bildliche Darstellungen, die zeigen, was im wahren Kult des einen Gottes erlaubt ist, sind nicht verwerflich. Doch wenn sie von der Anbetung des einen Gottes wegführen, weil man beispielsweise annimmt, daß in den Steinen selbst etwas von der Gottheit steckt oder daß diese sozusagen mit der Statue verbunden ist, dann ist es gerechtfertigt, sie zu zerstören, weil sie die Menschen täuschen und ihnen die Wahrheit vorenthalten.«

DER INDER: »Es ist schwierig, die Leute von altgewohnter Götzenverehrung abzubringen, da dort ja auch Orakel verkündet werden.«

DAS WORT: »In der Regel werden die Orakel von niemand anderem als den Priestern hergestellt, die dann behaupten,

---

28 Gemeint sind die christlichen Heiligen und ähnliche Gestalten.
29 Der »Inder« erhält das Wort als Vertreter des Hinduismus. Aus der Sicht des Cusaners ist der Hinduismus der prototypische Polytheismus.

[20] Indus: »Compertum est saepe spiritum quendam statuae alligatum patenter responsa dare.«

Verbum: »Non anima hominis aut Appollinis vel Esculapii aut alterius qui pro Deo colitur, sed spiritus nequam, ab initio humanae salutis inimicus, finxit se fide per hominem aliquando sed raro statuae alligari et ad responsa cogi, ut sic deciperet; sed postquam detecta est fallacia, cessavit. Unde hodie os habent et non loquuntur. Postquam experimento comperta est haec fallacia seductoris in multis regionibus, dampnata est ydolatria paene per omnia sapientiorum hominum loca. Et non erit difficile similiter in Oriente ad invocationem unius Dei fallaciam ydolatriae detegi, ut sic illi ceteris mundi nationibus conformentur.«

Indus: Detectis fallaciis praeapertis atque quod ob illas Romani prudentissimi similiter et Graeci atque Arabes ydola confregerunt, sperandum est omnino ydolatras Indos similiter acturos, maxime cum sapientes sint et necessitatem religionis in cultu unius Dei esse non haesitent; etiam si cum hoc ydola suo modo venerentur, haec de uno Deo adorando, sic conclusionem capient pacificam. Sed de trino Deo difficillimum erit concordiam undique acceptari; videbitur enim omnibus trinitatem sine tribus concipi non posse. Quod si trinitas est in divinitate, erit et pluralitas in deitate. Prius autem dictum est, et vere ita esse necesse est, scilicet non esse nisi

der Gott habe es verkündet. Wenn eine Frage gestellt wird, dann erfinden sie eine Antwort, entweder indem sie nach irgendeinem System die Stellung der Gestirne am Himmel deuten oder indem sie das Los werfen und das Resultat dann dem Götzen zuschreiben, so als hätten der Himmel, Apoll oder der Sonnengott es ihnen eingegeben. Daher sind Orakel zumeist entweder doppeldeutig, damit der Trick nicht gleich auffliegt, oder sie sind frei erfunden. Wenn sie manchmal doch zutreffen, dann ist das reiner Zufall. Und wenn der Priester einen guten Riecher hat, trifft er besser ins Schwarze, und seine Antworten kommen der Wahrheit näher.«

[20] DER INDER: »Aber man hat schon oft gehört, daß ein Geist, der mit einer Statue verbunden ist, Orakelantworten gibt.«[30]

DAS WORT: »Das kommt manchmal, aber sehr selten, vor. Das ist dann aber nicht die Seele eines Menschen oder die des Apoll oder des Äskulap oder eines anderen, der als Gott verehrt wird, sondern ein böser Geist, der von Anfang an auf das Unheil der Menschen aus ist. Um sie zu täuschen, vermittelt er ihnen glaubwürdig den Eindruck, daß er mit einer Statue verbunden ist und zu den Orakelantworten aufgefordert wird. Doch wenn der Schwindel auffliegt, ist er weg. Daher gilt das Psalmwort ›Sie haben einen Mund und reden nicht‹[31] noch heute. Nachdem man diese Täuschung des Verführers in vielen Ländern durch Experimente nachgewiesen hat, wurde der Götzendienst fast überall, wo es Weise gibt, angeprangert. Es dürfte nicht schwer sein, auch in Asien den Götzendienst als Täuschung zu entlarven, damit die Menschen dort mit den übrigen Religionsgemeinschaften der Welt gleichziehen können.«

DER INDER: »Nachdem offensichtliche Täuschungen aufgedeckt wurden und kluge Römer, Griechen und Araber daraufhin ihre Götzenbilder zerstört haben, ist zu hoffen, daß die

---

30 Das wird z. B. unterstellt in Apk 13,15.
31 Ps 115,5. – Im Psalm bezieht sich das auf die Götzenbilder.

unam deitatem absolutam. Non est igitur pluralitas in absoluta deitate sed in participantibus, qui non sunt Deus absolute, sed dii participatione.«

[21] VERBUM: »Deus, ut creator, est trinus et unus; ut infinitus, nec trinus nec unus nec quicquam eorum quae dici possunt. Nam nomina quae Deo attribuuntur, sumuntur a creaturis, cum ipse sit in se ineffabilis et super omne quod nominari aut dici posset. Unde, quia Deum colentes ipsum adorare debent tamquam principium universi, in ipso autem uno universo reperitur partium multitudo, inaequalitas et separatio – multitudo enim stellarum, arborum, hominum, lapidum sensui patet –, omnis autem multitudinis unitas est principium: quare principium multitudinis est aeterna unitas. Reperitur in uno universo partium inaequalitas, quia nulla similis alteri; inaequalitas autem cadit ab aequalitate unitatis; ante igitur omnem inaequalitatem est aequalitas aeterna. Reperitur in uno universo partium distinctio seu separatio; ante autem omnem distinctionem est connexio unitatis et aequalitatis, a qua quidem connexione cadit separatio seu distinctio; connexio igitur aeterna. Sed non possunt esse plura aeterna. Igitur in una aeternitate reperitur unitas, unitatis aequalitas, et unitatis et aequalitatis unio seu connexio. Sic principium

indischen Götzendiener das gleiche tun, zumal sie doch weise sind und daher sogleich einsehen werden, daß die religiöse Verehrung des einen Gottes dringend notwendig ist. Auch wenn sie dabei die Götzenbilder auf ihre Weise weiter verehren, indem sie in ihnen den einzigen Gott anbeten, werden sie so zu einer friedlichen Lösung gelangen.

Es wird allerdings sehr schwierig sein, eine weltweite Übereinstimmung über den dreieinigen Gott zu erzielen. Alle werden meinen, daß eine Dreieinigkeit nicht ohne drei Götter denkbar sei, denn wenn es eine Dreiheit in der Göttlichkeit gebe, müsse es auch eine Vielzahl der Gottheiten geben. Es wurde aber schon gesagt, und das muß auch wirklich so sein, daß es nur eine einzige absolute Gottheit gibt. In der absoluten Gottheit gibt es also keine Vielzahl. Die gibt es nur bei denen, die nicht auf absolute Weise Gott, sondern Götter von Gottes Gnaden sind.«

[21] DAS WORT: Als der Schöpfer ist Gott dreifaltig und doch nur einer. Als der Unendliche ist er weder dreifaltig noch einer noch sonst etwas, das man in Worte fassen kann. Denn die Begriffe, mit denen man Gott belegt, sind aus der kreatürlichen Welt entlehnt, weil er selbst für sich genommen nicht mit Worten zu beschreiben ist und über allem steht, was benannt oder gesagt werden kann. Wer daher Gott anbetet, soll ihn als den Ursprung des Universums anbeten. Das Universum selbst aber besteht aus einer Vielzahl von ungleichen, getrennt wahrnehmbaren Teilen – so wie wir ja eine Vielzahl von Sternen, Bäumen, Menschen oder Steinen sehen. Da jedoch der Ursprung jeder Vielheit die Einheit ist, ist die ewige Einheit der Ursprung dieser Vielzahl.

Die Teile in dem einen Universum sind ungleich, weil keines wie das andere ist. Diese Ungleichheit ist jedoch aus der Gleichheit in der Einheit entstanden.[32] Vor aller Ungleichheit

32 Hier geht es um den gedanklichen Versuch, die Herkunft des Geschaffenen aus dem Schöpfer zu erklären. Ähnlich hatte bereits die gnostische Bewegung im 2.-4. Jh. n.Chr. versucht, eine nur handwerkliche Schöpfungsvor-

simplicissimum universi est unitrinum, quia in principio complicari debet principiatum, omne autem principiatum dicit sic
se in principio suo complicari, et in omni principiato trina talis distinctio in unitate essentiae reperitur. Quare et omnium
principium simplicissimum erit trinum et unum.«

liegt also die ewige Gleichheit. Die Teile in dem einen Universum sind außerdem unterscheidbar beziehungsweise getrennt wahrnehmbar. Vor aller Unterscheidbarkeit liegt jedoch die Verbindung von Einheit und Gleichheit, aus der Unterscheidbarkeit und Trennbarkeit erst entstehen können. Also ist das Band zwischen Einheit und Gleichheit ewig.

Eine Vielzahl kann nicht ewig sein. Daher gibt es in der einen Ewigkeit Einheit, Gleichheit der Einheit und das einigende Band zwischen Einheit und Gleichheit. So ist der ein-fache Ursprung des Universums drei-einig. Und weil in jeder Ursache die Folge bereits enthalten sein muß, als wäre sie darin zusammengefaltet[33], sagt man, daß alles Geschaffene bereits in dem Ursprung der Schöpfung wie zusammengefaltet enthalten ist. Und umgekehrt ist in allem Geschaffenen eine solche Dreiheit in der Einheit des Wesens enthalten. Daher ist der Ursprung aller Dinge eine dreifaltige Einheit.

stellung zu vermeiden. Hier wie dort besteht der Versuch darin, plausible Zwischenglieder zu rekonstruieren. In der Gnosis gibt es eine ganze Kette von Zwischengliedern. Für die Dreifaltigkeit wird dieses Problem beim Cusaner so gelöst: Der »Vater« ist die Einheit, neben ihm gibt es in Gott die »Gleichheit«, nämlich den Sohn. Er ist dem Vater gleich, denn er ist sein Bild (Kol 1,15), ist wie der Abdruck eines Stempels (Hebr 1,3). So ist er eine andere Person, aber doch eben Gott. Das Band zwischen beiden ist der Heilige Geist. Auf diesem Wege entsteht ein deduktiv-philosophisches gewonnenes Bild von der Dreieinigkeit Gottes. Dieses wird nun anderen Religionen übergestülpt, oder anders gesagt: Nikolaus möchte nachweisen, daß es so logisch-gedanklich »eigentlich« vorausetzen, wenn sie denn alle an einem einheitlichen Ursprung festhalten. Hier wie auch sonst verfolgt der Cusaner den gleichen methodischen Weg: Die biblische Vorstellung wird ins Philosophische übersetzt und eignet sich in dieser Form für den interreligiösen Dialog.

33 Es handelt sich um die typisch Cusanische Idee von *complicatio* und *explicatio*: In der anfänglichen Einheit sind alle Dinge noch wie zusammengefaltet enthalten – wie die Kinder Abrahams in dessen Lenden nach Hebr 7,9 f.

VIII

[22] CALDAEUS: »Haec et si sapientes aliquantulum capere possent, tamen communem vulgum excedunt. Nam, ut intelligo, non est verum quod sint tres dii, sed unus, qui unus est trinus. Visne dicere, quod ipse unus in virtute est trinus?«

VERBUM: »Deus est absoluta vis omnium virium, quia omnipotens. Unde cum non sit nisi una absoluta virtus, quae est divina essentia, illam virtutem dici trinam non est aliud quam Deum asserere trinum. Sed non sic capias virtutem prout distinguitur contra realitatem, quia in Deo virtus est ipsa realitas; sic et de potentia absoluta, quae est et virtus. Nam non videtur cuiquam absurdum, si diceretur omnipotentiam divinam, quae Deus est, in se habere unitatem, quae est entitas, aequalitatem et connexionem; ut sic potentia unitatis uniat seu essentiat omnia quae habent esse – in tantum enim res est in quantum una est; unum et ens convertuntur – et potentia aequalitatis aequalificet seu formet omnia quae consistunt (in hoc enim quod res nec plus nec minus est quam id quod est, aequaliter est; si enim plus vel minus esset, non esset; sine aequalitate igitur non potest esse), sic potentia connexionis uniat seu nectat. Unde omnipotentia in virtute unitatis vocat de non esse, ut quod non erat fiat capax ipsius esse; et in virtute aequalitatis format; et in virtute connexionis nectit, uti in essentia amoris vides quomodo amare nectit amantem amabili. Quando igitur de non esse vocatur per omnipotentiam homo, primo in ordine oritur unitas, post aequalitas, inde nexus utriusque. Nam nihil esse potest nisi sit unum; prioriter igitur est unum. Et quia homo vocatur de non esse, oritur unitas hominis primo in ordine, deinde aequalitas illius unitatis seu entitatis – nam aequalitas est explicatio formae in unitate, ob quam vocabatur unitas hominis et non leonis vel alterius rei; aequalitas autem non potest nisi ab unitate oriri, nam alteritas non producit aequalitatem, sed unitas seu ydemptitas –, deinde ex unitate et aequalitate procedit amor seu ne-

[22] DER CHALDÄER: Das kann vielleicht ein Philosoph irgendwie begreifen, aber doch kein normaler Mensch. Wenn ich es recht verstanden habe, gibt es also nicht drei Götter, sondern nur einen, der als der eine dreifaltig ist. Heißt das, daß der eine ein dreifaltiges Wesen ist?

DAS WORT: Gott ist die absolute, höchste Macht, da er allmächtig ist. Weil es aber nur *ein* absolutes Wesen gibt, eben den Inbegriff des Göttlichen, bedeutet die Aussage, dieses Wesen sei dreifaltig, tatsächlich nichts anderes, als ›Gott ist dreifaltig‹. Das bedeutet jedoch nicht, daß das göttliche Wesen etwas wäre, das jenseits der Wirklichkeit oder im Widerspruch zu dieser steht. Denn Gottes Wesen ist Wirklichkeit. Das gilt auch für die absolute Macht, die ebenfalls sein Wesen ist.

Es dürfte jedermann einleuchten, daß die göttliche Allmacht, die Gott ist, als solche in sich Einheit, Gleichheit mit sich selbst, also Identität, und das Band zwischen Einheit und Gleichheit einschließt.[34] Die Kraft der Einheit kann allem, was existiert, Einheit und Wesen verleihen (sofern etwas ein Ding ist, ist es eins; Einssein und Sein läuft auf dasselbe hinaus), und die Kraft der Gleichheit gibt allen Dingen ihre je eigene Gestalt beziehungsweise ihre Identität (diese besteht darin, daß etwas nicht mehr und nicht weniger ist, als es ist, denn wäre es mehr oder weniger, dann wäre es nicht, was es ist; ohne Identität gibt es also kein Sein), während die verbindende Kraft eint beziehungsweise eine Verknüpfung herstellt.

34 Die Grundlage dieser Lehre von der Dreifaltigkeit liefert Augustinus, De doctrina christiana 1,5 (vgl. weiter die Scholastik seit Petrus Lombardus). Hier wird auch erkennbar, daß es sich bei der Parole der Französischen Revolution – »Freiheit, Gleichheit, Brüderlichkeit« – um ein säkularisiertes Stück Trinitätstheologie handelt. Denn die Brüderlichkeit ist die »Liebe« hier beim Cusaner, die Gleichheit, der Sohn, heißt bei Cusanus immer die *aequalitas*, und die Schöpferkraft des Vaters läßt sich als die Freiheit des Schöpfers wiedergeben.

xus. Unitas enim ab aequalitate et aequalitas ab unitate non sunt separabiles. Nexus igitur seu amor sic se habet quod posita unitate ponitur aequalitas, et posita unitate et aequalitate ponitur amor seu nexus.

[23] Si igitur non reperitur aequalitas quin sit unitatis aequalitas, et non reperitur nexus quin sit unitatis et aequalitatis nexus, ita quod nexus est in unitate et aequalitate, et aequalitas in unitate, et unitas in aequalitate, et unitas et aequalitas in nexu: manifestum est non esse in trinitate essentialem distinctionem. Illa enim quae essentialiter differunt, ita se habent quod unum esse potest alio non existente. Sed quia sic se habet trinitas quod posita unitate ponitur unitatis aequalitas et e converso, et positis unitate et aequalitate poni-

Daher ruft die Allmacht in ihrer Eigenschaft als Einheit aus dem Nicht-Sein ins Sein, damit das, was vorher nicht war, sich bereit macht, zu sein, in ihrer Eigenschaft als Identität verleiht sie Gestalt, und in ihrer Eigenschaft als Band zwischen beiden verbindet sie. Man kann das gut am Wesen der Liebe erkennen: Das Lieben verknüpft den Liebenden mit dem Liebenswerten.

Wenn also der Mensch durch den allmächtigen Schöpfer aus dem Nicht-Sein gerufen wird[35], dann entsteht als Erstes die Einheit, als Zweites die Identität und als Drittes das Band zwischen beiden. Denn alles, was ist, kann nur eines sein, es ist also zu allererst eines. Und weil der Mensch aus dem Nicht-Sein gerufen wird, ist die Einheit auch das Wichtigste, erst danach kommt die Identität dieser Einheit oder dieses Geschöpfs (Identität ist nämlich Entfaltung der in der Einheit beschlossenen Gestalt, wegen der dann dieses betreffende Geschöpf ›Mensch‹ genannt wird und nicht ›Löwe‹ oder sonst etwas, sie kann nur aus der Einheit entstehen, weil nicht Andersheit Identität hervorbringt, sondern die Einheit und das Mit-sich-identisch-Sein). Und aus Einheit und Identität kann dann schließlich die Liebe als einigendes Band hervorgehen. Denn Einheit ist nicht von Identität und Identität nicht von Einheit trennbar. Die drei verhalten sich also folgendermaßen zu einander: Wenn die Einheit gegeben ist, ist auch die Identität gegeben, und dadurch, daß beide gegeben sind, ist auch die Liebe als einendes Band gegeben.

[23] Wenn also jede mögliche Identität die Identität einer Einheit ist und jedes einigende Band nur Einheit und Identität verbinden kann, dann sind die verbindende Kraft in Einheit und Identität, die Identität in der Einheit und die Einheit in der Identität und Einheit und Identität in der Verbindung zwischen beiden. Es liegt also auf der Hand, daß es in der Dreifaltigkeit oder Dreieinigkeit keine Wesensunterschiede gibt.

---

35 Vgl. Röm 4,17.

tur nexus et e converso, hic non in essentia sed in relatione videtur quomodo alia est unitas, alia aequalitas, alia connexio. Numeralis autem distinctio est essentialis. Nam binarius differt a ternario essentialiter; posito enim binario non ponitur ternarius, et ad esse binarii non sequitur ternarius. Quare trinitas in Deo non est composita seu pluralis seu numeralis, sed est simplicissima unitas. Qui igitur Deum credunt unum, non negabunt ipsum trinum, quando intelligunt trinitatem illam non distingui ab unitate simplicissima, sed esse ipsam, ita quod nisi esset ipsa trinitas in unitate, non esset ipsum principium omnipotens ad creandum universum et singula. Virtus quanto unitior, tanto fortior; quanto autem unitior, tanto simplicior. Quanto igitur potentior seu fortior, tanto simplicior. Unde cum essentia divina sit omnipotens, est simplicissima et trina. Sic enim trinitate non foret principium simplicissimum, fortissimum et omnipotens.«

CALDAEUS: »Arbitror neminem ab isto intellectu dissentire posse. Sed quod Deus habeat filium et participem in deitate, hoc impugnant Arabes et multi cum ipsis.«

Denn wo zwei Dinge sich im Wesen unterscheiden, kann das eine ohne das andere existieren. In der Dreieinigkeit gibt es aber zugleich mit der Einheit die Identität der Einheit und umgekehrt und zusammen mit Einheit und Identität auch das einende Band und umgekehrt, so daß sie dem Wesen nach gleich sind und nur nach der Art der Beziehung zwischen ihnen jeweils als Einheit, als Identität und als einendes Band gesehen werden.

Zahlen unterscheiden sich dagegen im Wesen. Die Zwei ist etwas ganz anderes als die Drei, denn wenn die Zwei gegeben ist, ist damit noch nicht die Drei gegeben, und aus dem Vorhandensein einer Zwei folgt noch nicht die Existenz einer Drei. Daher ist die Dreieinigkeit Gottes kein zusammengesetztes Gebilde[36] und keine Vielfalt und keine Menge, sondern Gott ist absolute, einfachste Einheit. Wer also Gott als den einen bekennt, der leugnet nicht seine Dreieinigkeit, wenn er sie so versteht, daß sie sich nicht von allereinfachster Einheit unterscheidet, sondern eben die allereinfachste Einheit ist. Denn wenn es nicht die Dreieinigkeit in der Einheit gäbe, dann wäre sie nicht der allmächtige Ursprung des Universums und aller Dinge. Je mehr ein Wesen eins ist, um so mächtiger ist es, und je mehr es aber eins ist, um so einfacher ist es auch. Also: je mächtiger und stärker, um so einfacher. Daher ist das Wesen Gottes, weil es allmächtig ist, ganz einfach und dreieinig. Denn ohne Dreieinigkeit wäre es nicht der allereinfachste, stärkste und allmächtige Ursprung der Schöpfung.

DER CHALDÄER[37]: Diese Überlegungen werden gewiß allgemeine Zustimmung finden. Aber daß Gott einen Sohn haben soll, der an seiner Gottheit teilhat, damit werden sich

---

36 Dreieinigkeit besteht also nicht aus Addition des Ersten, Zweiten und Dritten. Gott ist deshalb Einheit, weil man Einheit, Gleichheit und Zusammenhalt als Aspekte der Einheit bezeichnen könnte.

37 Der »Chaldäer« (Iraker) ist hier als Kenner und Anwalt des Islam dargestellt.

[24] VERBUM: »Nominant aliqui unitatem Patrem, aequalitatem Filium, et nexum Spiritum Sanctum; quia illi termini etsi non sint proprii, tamen convenienter significant trinitatem. Nam de Patre Filius, et ab unitate et aequalitate Filii amor seu Spiritus. Transit enim natura Patris in quandam aequalitatem in Filio. Quare amor et nexus ab unitate et aequalitate exoritur. Et si simpliciores termini reperiri possent, aptiores forent, ut est unitas, iditas et idemptitas. Hii enim termini magis videntur fecundissimam essentiae simplicitatem explicare. Et attende, cum in essentia rationalis animae sit quaedam fecunditas, scilicet mens, sapientia et amor seu voluntas, quoniam mens ex se exerit intellectum seu sapientiam, ex quibus voluntas seu amor, et est haec trinitas in unitate essentiae animae fecunditas quam habet in similitudine fecundissimae increatae trinitatis: sic res omnis creata gerit ymaginem virtutis creativae et habet suo modo fecunditatem in similitudine propinqua vel distanti fecundissimae trinitatis omnium creatricis; ita ut non solum creatura habeat esse ab esse divino, sed esse fecundum suo modo trinum ab esse fecundissimo trino et uno, sine quo esse fecundo non posset nec mundus subsistere, nec creatura esset meliori modo quo esse posset.«

die Araber[38] und viele andere mit ihnen nicht abfinden können.

[24] DAS WORT: Manche nennen die Einheit den Vater, die Identität den Sohn und die verbindende Kraft den Heiligen Geist. Das sind keine Eigennamen, aber eine angemessene Bezeichnung für die Dreieinigkeit. Denn vom Vater stammt der Sohn, und aus der Einheit und Identität des Sohnes kommt die Liebe oder der Heilige Geist. Das Wesen des Vaters wird im Sohn so zur Identität, daß aus Einheit und Identität die verbindende Kraft der Liebe entsteht. Vielleicht wären einfachere Bezeichnungen, wie zum Beispiel ›Einsheit‹, ›Selbigkeit‹ oder ›Keimzelle‹, besser geeignet, um gleichzeitig die Einfachheit und die schöpferische Kraft seines Wesens hervorzuheben. Zur Dreieinigkeit gibt es übrigens im Wesen der Vernunftseele eine Entsprechung[39], nämlich die Verbindung aus schöpferischer Kraft, das ist der Geist, Weisheit und Liebe beziehungsweise Wille. Der Geist bringt den Verstand beziehungsweise die Weisheit hervor, und aus beiden, Geist und Verstand, entsteht der Wille beziehungsweise die Liebe. Diese schöpferische Kraft ist das Tertium comparationis zwischen der Dreiheit in der Wesenseinheit der Seele und der ur-sprünglichen, nicht geschaffenen Dreieinigkeit. So trägt jedes Geschöpf das Abbild des schöpferischen Wesens in sich und besitzt auf seine Weise eine mit der einzigartigen Schöpferkraft der Dreieinigkeit, der Schöpferin aller Dinge, mehr oder weniger vergleichbare schöpferische Kraft. So hat das Geschöpf nicht nur das Sein vom göttlichen Sein, sondern auch eine schöpferische Kraft, die auf ihre Weise dreieinig ist und aus der einzigartigen Schöpferkraft des Dreieinig-Einen herrührt und ohne welche die Welt nicht bestehen und

38 Indem der Koran bestreitet, daß Gott ein Kind hat, beharrt er auf einem Menschenbild, wonach der einzelne Mensch immer nur Sklave Gottes in großer Distanz sein kann.

39 Zur sogenannten psychologischen Trinitätslehre vgl. bereits Augustinus' Schrift De trinitate.

IX

[25] Ad haec IUDAEUS respondit: »Optime explanata est superbenedicta trinitas, quae negari nequit. Nam propheta quidem nobis ipsam quam breviter aperiens aiebat Deum interrogasse, quomodo ipse qui aliis fecunditatem generationis tribuit sterilis esse posset. Et quamvis Iudaei fugiant trinitatem propter hoc quia eam putarunt pluralitatem, tamen intellecto quod sit fecunditas simplicissima perlibenter acquiescent.«

[26] VERBUM: »Facile etiam Arabes et omnes sapientes ex hiis intelligent trinitatem negare esse negare divinam fecunditatem et virtutem creativam; ac quod admissio trinitatis est negare deorum pluralitatem et consocialitatem. Facit enim ipsa fecunditas, quae est et trinitas, non esse necesse quod sint plures dii qui concurrant ad creationem omnium, cum una fecunditas infinita sufficiat omne id creare quod est creabile. Multo melius Arabes capere poterunt veritatem hoc modo, quam modo quo ipsi loquuntur Deum habere essentiam et animam, adduntque Deum habere verbum et spiritum. Nam si dicitur Deum animam habere, non potest intelligi anima illa nisi ratio seu Verbum quod est Deus; non est enim aliud ratio quam Verbum. Et quid tunc est Spiritus Sanctus Dei nisi amor qui est Deus? Nihil enim de Deo simplicissimo verificatur, quod non est ipse. Si verum est Deum habere Verbum, verum est Verbum esse Deum; si verum est Deum habere Spiritum, verum est Spiritum esse Deum. Habere enim improprie convenit Deo, quia ipse est omnia, ita quod habere in Deo est esse. Unde Arabs non negat Deum mentem esse et ab illa verbum generari seu sapientiam, et ex hiis spiritum seu

kein Geschöpf so gut existieren könnte, wie es durch sie möglich ist.«

IX

[25] Nun meldete sich der JUDE zu Wort und sagte: »Die
hochgelobte Dreieinigkeit ist jetzt so gut erklärt, daß man
sie einfach akzeptieren muß. Uns hat sie ein Prophet kurz
so erklärt, daß Gott die Frage gestellt habe: ›Warum sollte
ich, der ich anderen die Fruchtbarkeit geschenkt habe, selbst
unfruchtbar sein?‹[40] Und obwohl Juden die Dreieinigkeit eigentlich eher ablehnen, weil sie denken, damit sei eine Vielzahl von Göttern gemeint, so werden sie doch beruhigt zustimmen, wenn sie eingesehen haben, daß Dreieinigkeit
ganz einfach Schöpferkraft bedeutet.«

[26] DAS WORT: »Auch die Araber und alle Weisen dürften
aus dem Gesagten leicht begreifen, daß jemand, der die Dreieinigkeit leugnet, auch die göttliche Schöpferkraft und Gottes
schöpferisches Wesen in Abrede stellt und daß man, wenn
man die Dreieinigkeit akzeptiert, damit gleichzeitig das Vorhandensein einer Vielheit oder einer Gemeinschaft von Göttern bestreitet. Wenn man die Dreieinigkeit als Schöpferkraft
versteht, braucht man nicht mehr anzunehmen, daß bei der
Erschaffung aller Dinge mehrere Götter zusammenwirken
mußten. Denn eine grenzenlose Schöpferkraft genügt zur Erschaffung all dessen, was erschaffen werden kann. Mit Hilfe
dieser Erläuterung werden die Araber die Wahrheit viel besser begreifen können, als wenn sie zu ihrer gewohnten Erklä-

40 Jes 66,9 (Über die Fruchtbarkeit des künftigen Jerusalem): »[V.8:
Kaum in Wehen, hat Zion schon ihre Kinder geboren.] Sollte ich das Kind
den Mutterschoß durchbrechen und nicht auch geboren werden lassen?
spricht der Herr. Sollte ich, der gebären läßt, den Schoß verschließen? spricht
dein Gott.« – Anders als bei N. C. ist der Sinn der Stelle bei Jesaja: Es wäre
widersinnig, wenn Gott, der die Kinder schenkt, sie nicht auch geboren werden ließe.

amorem procedere. Et haec est illa trinitas quae supra est explanata et per Arabes posita, licet plerique ex ipsis non advertant se trinitatem fateri. Sic et in prophetis vestris vos Iudaei reperitis Verbo Dei caelos formatos et Spiritu eius. Modo autem quo negant Arabes et Iudaei trinitatem, certe ab omnibus negari debet; sed modo quo veritas trinitatis supra explicatur, ab omnibus de necessitate amplectetur. «

rung, Gott habe Wesen und Seele, nun *Wort* und *Geist* hinzu-
fügen. Denn wenn man sagt, Gott habe eine Seele, dann kann
man diese doch nur als Vernunft beziehungsweise als *Wort*,
das Gott ist, verstehen. Denn Vernunft und *Wort* ist das gleiche. Und was ist der Heilige Geist Gottes anderes als die
Liebe, die Gott selbst ist? Denn alles, was man über den
ganz einfachen Gott sagen kann, ist Gott selbst. Wenn es
wahr ist, daß Gott ein *Wort* hat, dann ist es auch wahr, daß
das *Wort* Gott ist. Wenn es stimmt, daß Gott einen Geist
hat, dann stimmt es auch, daß der Geist Gott ist. Denn bei
Gott kann man nicht eigentlich von ›haben‹ sprechen, weil
er doch alles ist. Bei Gott bedeutet ›haben‹ also ›sein‹.[41] Daher
leugnen die Araber gar nicht, daß Gott Geist ist und daß aus
dem Geist das *Wort* oder die Weisheit entsteht und daß aus
diesen beiden der Heilige Geist oder die Liebe hervorgeht.
Und das ist doch genau die Dreieinigkeit, die wir oben beschrieben haben. Sie wird also auch von den Arabern akzeptiert, obwohl die meisten von ihnen sich gar nicht bewußt
sind, daß sie eine Dreieinigkeit bekennen. Auch ihr Juden findet bei euren Propheten die Aussage, daß durch Gottes *Wort*
und durch seinen Heiligen Geist der Himmel geschaffen
wurde.[42] Wenn man die Dreieinigkeit so versteht, wie Araber
und Juden das bisher tun, ist sie auf jeden Fall abzulehnen. So
verstanden, wie sie oben dargestellt wurde, muß sie dagegen
zwangsläufig von allen akzeptiert werden.«

41 Denn Gott ist absolute Einheit mit sich selbst und Einfachheit.
42 Vgl. Ps 32,6.

X

[27] Ad haec Scita: »Nihil scrupuli esse potest in adoratione simplicissimae trinitatis, quam et hodie omnes qui Deos venerantur adorant. Dicunt enim sapientes Deum creatorem esse utriusque sexus atque amorem, volentes per hoc fecundissimam trinitatem creatoris modo quo possunt explicare. Alii asserunt Deum superexaltatum de se exerere intellectum seu rationem; et hunc dicunt Deum de Deo, atque illum asserunt Deum creatorem, quoniam omne creatum causam et rationem habet cur sit hoc et non illud. Omnium igitur rerum ratio una infinita Deus est. Ratio autem, quae *logos* seu verbum, a proferente emanat ut, cum Omnipotens Verbum profert, facta sint ea in re quae in Verbo complicantur; ut si diceret omnipotentia ›Fiat lux‹, tunc lux in Verbo complicata existit ita actu. Hoc igitur Verbum Dei est intellectuale, ut prout res est concepta in intellectu ut sit, ita existat realiter. Dicunt deinde spiritum connexionis procedere in tertio ordine, qui scilicet connectit omnia ad unum, ut sit unitas sicut unitas universi. Nam animam mundi seu spiritum qui omnia nectit, per quem quaelibet creatura habet participationem ordinis ut sit pars universi, posuerunt. Oportet igitur quod hic spiritus in principio sit ipsum principium. Amor autem nectit. Hinc amor, qui Deus est seu caritas, dici potest hic spiritus cuius vis est diffusa per universum; ita quod nexus quo partes ad unum seu totum connectuntur, sine quo perfectio nulla subsisteret, habeat Deum suum principium. Ita clare conspicitur omnes sapientes aliquid trinitatis in unitate attigisse. Et propterea, dum hanc quam nos audivimus explanationem audiverint, gaudebunt et laudabunt.«

X

[27] Darauf erwiderte der SKYTHE[43]: »Man muß keine Bedenken haben, die ganz einfache Dreieinigkeit zu verehren,
die auch heutzutage alle anbeten, die überhaupt Götter verehren. Manche Weisen sagen, Gott sei der Schöpfer der beiden
Geschlechter und er sei die Liebe[44], um damit, so wie sie es
vermögen, die einzigartige Schöpferkraft der Dreieinigkeit
zu beschreiben. Andere behaupten, Gott sei über alles erhaben und lasse aus sich den Verstand beziehungsweise die Vernunft hervorgehen, und unterscheiden diese, die sie ›Gott von
Gott‹ nennen, von dem, den sie ›Gott den Schöpfer‹ nennen,
weil ja alles Geschaffene eine Ursache habe und einen vernünftigen Grund, warum es dieses und nicht etwas anderes
sei. Der eine, grenzenlose Grund aller Dinge sei Gott. Die Vernunft dagegen, die *Logos*, d. h. *Wort*, genannt wird, ent-
springe aus dem, der sie hervorbringt. Das geschehe so, daß
in dem Augenblick, in dem der Allmächtige das *Wort* aus-
spricht, wirklich schon all die Dinge geschaffen seien, die
im Wort wie zusammengefaltet enthalten sind. Wenn der Allmächtige also sagt: ›Es werde Licht‹, dann existiert das Licht
schon wirklich, zusammengefaltet im *Wort*. Dieses Schöpfungswort Gottes sei ein geistiges Wort und bewirke, daß
ein Ding, genau so wie es im Geist konzipiert ist, auch tatsächlich entsteht. Außerdem sagen unsere Weisen, daß als Drittes
dann der Geist der Verbindung dazukomme, der nämlich alle
Dinge zu einem vereine, damit alles zusammen die Einheit des
Universums bilde. Denn sie gehen davon aus, daß es eine
Weltseele oder einen verbindenden Geist gibt, durch den jedes
Geschöpf an der Ordnung Anteil hat, so daß es ein Teil des
Universums wird. Es liegt also nahe, daß dieser Geist am An-
fang der Ursprung aller Dinge selbst ist. Weil aber Liebe ver-

43 Der Skythe vertritt hier ostkirchliche Varianten der Trinitätslehre.
44 Anspielung auf Gen 1,27 b und zusätzlich auf das Symposion Platos
(Eros als Kraft der Vereinigung).

[28] Respondit GALLICUS: »Aliquando hoc argumentum ventilatum inter studiosos audivi: Aeternitas aut est ingenita, aut genita, aut nec ingenita nec genita. Video ingenitam rationabiliter Patrem omnipotentem vocari, genitam Verbum seu Filium, nec ingenitam nec genitam amorem seu Spiritum Sanctum, quia ipse procedit ab utroque et nec est ingenitus quia non est Pater, nec genitus quia non est Filius, sed procedens ab utroque. Una est igitur aeternitas, et illa est trina et simplicissima; una deitas trina, una essentia trina, una vita trina, una potentia trina, una virtus trina. In hac nunc scola profeci, ut quae obscura fuerunt luce clarius, quantum nunc datur, patescant. Et quoniam maxima restat contradictio in mundo, asserentibus quibusdam Verbum caro factum ob redemptionem omnium, aliis aliter sentientibus, oportet super hoc nos informari quomodo in ea difficultate concordiam attingamus.«

VERBUM: »Hanc partem elucidandam Petrus Apostolus recepit. Ipsum audite; sufficienter enim edocebit quaeque abscondita vobis.«

Et comparente Petro in medio eorum ita exorsus est:

bindet, kann dieser Geist, dessen Kraft durch das ganze Universum strömt⁴⁵, ›Liebe‹ genannt werden oder auch ›Gott, der die Liebe ist‹. Denn die einende Kraft, welche die Teile zu Einem oder zu einem Ganzen verbindet und ohne die es keine Vollkommenheit gibt, hat ihren Ursprung in Gott. Es ist daher deutlich zu erkennen, daß alle Weisen etwas von der Dreieinigkeit in einer Einheit erahnt haben. Darum werden sie erfreut zustimmen, wenn sie die Erklärung hören, die wir gehört haben.«

[28] Nun war der GALLIER an der Reihe: »Unter den Gelehrten habe ich einmal die Theorie gehört, daß die Ewigkeit entweder ungezeugt oder gezeugt⁴⁶ oder keines von beiden sei. Ich erkenne nun, daß es plausibel ist, die ungezeugte Ewigkeit den allmächtigen Vater zu nennen, die gezeugte das *Wort* beziehungsweise den Sohn und diejenige Ewigkeit, die weder ungezeugt noch gezeugt ist, die Liebe beziehungsweise den Heiligen Geist. Denn dieser geht von beiden aus, und er ist weder ungezeugt – denn er ist nicht der Vater – noch gezeugt – denn er ist nicht der Sohn –, sondern er geht aus beiden hervor. Es gibt also nur eine Ewigkeit, aber sie ist dreigestaltig und doch ganz einfach. Sie ist eine dreifache Gottheit, ein dreifaches Wesen, ein dreifaches Leben, eine dreifache Kraft, eine dreifache Macht. Längeres Nachdenken über diese Theorie hat für mich, soweit es das bisher Behandelte betrifft, etwas Licht ins Dunkel gebracht. Es gibt aber noch eine andere Frage zu klären, die zu äußerst heftigen Konflikten in der Welt geführt hat. Einige behaupten nämlich, das Wort sei zur Erlösung aller als Mensch er-

45 Vgl. Ps 103,30.
46 Auch der Gallier vertritt einen christlichen Standpunkt. Die Diskussion um die Glaubensbekenntnisse im 4. Jh. n. Chr. hat zu unterscheiden gelehrt zwischen »geschaffen« (wie übliche Schöpfungswerke) und »gezeugt« (so wie der Sohn [Gottes] aus [Gott] dem Vater hervorgegangen ist). Bei »gezeugt« ist nicht an einen Geschlechtsakt gedacht, sondern gemeint ist ein organisches Hervorgehen. »Nicht gezeugt« bedeutet: als der absolute Anfang bestehen wie der Vater.

XI

[29] Petrus: »Omnis circa incarnatum Verbum diversitas
has videtur habere varietates. Primo quibusdam dicentibus
Verbum Dei non esse Deum; et haec pars est iam ante sufficienter patefacta, quoniam non potest Verbum Dei nisi
Deus esse. Hoc autem Verbum est ratio; *logos* enim Graece
verbum dicit, quod est ratio; Deum enim habere rationem,
qui est creator omnium rationabilium animarum et spiri-
tuum, indubium est. Haec autem ratio Dei non est nisi
Deus, uti praeexpositum est; nam habere in Deo coincidit
cum esse. Ille enim a quo sunt omnia in se complectitur omnia, et est omnia in omnibus, quia formator omnium; ergo
forma formarum. Forma autem formarum complicat in se
omnes formas formabiles. Verbum igitur seu ratio, infinita
causa et mensura omnium quae fieri possunt, Deus est. Quare
illi qui admittunt Verbum Dei esse incarnatum seu humana-
tum, necesse est quod ipsi fateantur hominem illum, quem dicunt Dei Verbum, esse etiam Deum.«

schienen[47], während andere das nicht so sehen. Es wäre also gut, wenn wir auch darüber etwas erfahren könnten, wie wir in diesem Punkt zu einer Einigung kommen können.«

DAS WORT: »Dieses Problem soll uns der Apostel Petrus erläutern. Hört ihm gut zu. Denn er wird euch alles Nötige erklären, damit euch nichts mehr unklar ist.«

Petrus stellte sich in ihre Mitte und begann seine Ausführungen.

XI

[29] PETRUS: »Über die Menschwerdung des *Wortes* gibt es verschiedene Auffassungen. Zum einen gibt es Leute, die behaupten, das Schöpfungswort Gottes sei nicht Gott.[48] Darüber haben wir bereits ausführlich genug gesprochen. Das Schöpfungswort Gottes kann nur Gott sein, und es ist auch die Vernunft, denn griechisch *logos* bedeutet ›Wort‹ und ›Vernunft‹.

Es steht außerdem zweifelsfrei fest, daß Gott Vernunft besitzt, weil er der Schöpfer aller vernunftbegabten Seelen und Geister ist. Diese Vernunft Gottes aber ist Gott, wie bereits dargelegt wurde, weil ›haben‹ bei Gott dasselbe ist wie ›sein‹. Denn der, von dem alles kommt, umfaßt alles in sich und ist alles in allem[49], weil er allem Gestalt verliehen hat. Daher ist er die höchste Gestalt. Als höchste Gestalt enthält er in sich, gleichsam zugesammengefaltet, alles Gestaltbare. Das *Wort* also beziehungsweise die Vernunft, grenzenlose Ursache und Maß aller Dinge, die entstehen können,

47 Joh 1,14.
48 Dagegen heißt es in Joh 1,1: »Zuerst war das Wort da, Gott nahe und von Gottes Art.« (Übersetzung nach Berger/Nord, 1999, Das Neue Testament und frühchristliche Schriften, Frankfurt am Main)
49 Vgl. 1 Kor 15,30.

[30] Hic PERSA locutus est dicens: »Petre, Verbum Dei est Deus. Quomodo Deus, qui est immutabilis, fieri posset non Deus sed homo, creator creatura? Negamus enim hoc paene omnes, paucis in Europa demptis. Et si sint quidam inter nos qui Christiani vocentur, illi nobiscum concordant huius rei impossibilitatem, scilicet quod infinitum sit finitum, et aeternum temporale.«

PETRUS: »Hoc ipsum, scilicet aeternum esse temporale, constanter vobiscum nego. Sed cum vos omnes qui legem Arabum tenetis, dicatis Christum esse Verbum Dei – et bene dicitis –, necesse est et quod fateamini ipsum Deum.«

PERSA: »Fatemur ipsum esse Verbum et Spiritum Dei, quasi inter omnes qui sunt aut fuerunt nemo habuit illam excellentiam Verbi et Spiritus Dei; non tamen admittimus propterea quod fuerit Deus, qui non habet participem. Ne igitur incidamus in pluralitatem deorum, negamus ipsum Deum, quem Deo proximum profitemur.«

[31] PETRUS: »In Christo naturam humanam creditis?«

PERSA: »Credinius, et illam veram in eo fuisse et perstitisse affirmamus.«

PETRUS: »Optime. Haec natura, quia humana, non erat divina. Et ita in omni eo quod in Christo vidistis secundum hanc naturam humanam, per quam similis erat aliis hominibus, non apprehendistis Christum Deum sed hominem.«

PERSA: »Ita est.«

PETRUS: »In hoc nemo a vobis dissentit. Nam natura humana fuit in Christo perfectissima, per quam fuit verus

84

ist Gott. Wer daher zugibt, daß Gottes Schöpfungswort Fleisch oder besser: Mensch, geworden ist, muß auch zugeben, daß jener Mensch, den sie *Wort* Gottes nennen, ebenfalls Gott ist.«

[30] An dieser Stelle wandte der PERSER ein: »Zugegeben, Petrus, das Wort Gottes ist Gott. Aber wie kann Gott, der doch unveränderlich ist, zu etwas werden, das nicht Gott ist, sondern Mensch? Das bestreiten wir fast alle, ausgenommen einige Europäer. Aber auch die wenigen Christen[50], die bei uns wohnen, sind wie wir davon überzeugt, daß Grenzenloses unmöglich begrenzt und das Ewige auf keinen Fall zeitlich sein kann.

PETRUS: Das Ewige kann nicht zeitlich sein, da bin ich mit euch völlig einer Meinung. Aber wenn doch ihr alle, die ihr euch nach dem Koran richtet, sagt, daß Christus das Wort Gottes ist[51] – und ihr tut recht daran –, bekennt ihr in der Konsequenz auch, daß er Gott ist.«

DER PERSER[52]: »Wir bekennen Christus als das Wort und den Geist Gottes, das heißt, daß er ein höheres Maß an Wort und Geist Gottes besessen hat als alle, die je gelebt haben oder noch leben. Damit sagen wir aber nicht, daß er Gott war, weil niemand an Gott Anteil haben kann. Damit wir nicht auf einmal mehrere Götter haben, bestreiten wir, daß der, von dem wir bekennen, daß er Gott am nächsten steht, selbst Gott ist.«

[31] PETRUS: »Glaubt ihr, daß Christus eine menschliche Natur hatte?«

---

50 Gemeint sind die sog. Nestorianer, chaldäisch-assyrische Christen, die nicht zur Orthodoxie gerechnet werden. In ihrer Christologie machen sie Abstriche bei der Gottheit Jesu Christi. Daher lehnte Nestorius (um 428) den Titel »Gottesgebärerin« für Maria ab.

51 Koran, Sure 4,169.

52 Der »Perser« vertritt hier Anschauungen über Jesus, die sich im Islam finden (Jesus als Wort Gottes). Kurt Flasch (1998, 360) bemerkt zur Rolle des Persers: »Er entwickelt eine philosophische Christologie für Nicht-Christen.«

homo et mortalis ut alii homines; secundum illam autem naturam non fuit Verbum Dei. Dicito igitur mihi: Cum fateamini eum Verbum Dei, quid per hoc intenditis?«

[32] PERSA: »Non naturam sed gratiam, scilicet ipsum hanc gratiam excelsam assecutum quod in eo Deus posuit Verbum suum.«

PETRUS: »Nonne in aliis prophetis similiter posuit Verbum? Nam omnes verbo Domini locuti sunt et erant nuntii verbi Dei.«

PERSA: »Ita est. Sed omnium prophetarum maximus Christus; ideo magis proprie convenit sibi ut dicatur Verbum Dei quam aliis prophetis. Possent enim plures missivae in se verbum regis continere in particularibus negotiis et provinciis; sed una sola, quae verbum regis continet per quod totum regnum regitur, scilicet quia continet legem et praeceptum cui omnes oboedire tenentur.«

PETRUS: »Bonam ad hunc finem videris similitudinem proposuisse, scilicet quod verbum regis scriptum in variis cartis non mutat ipsas cartas in alias naturas; manent enim naturae earum post inscriptionem verbi uti erant ante. Sic dicitis naturam humanam mansisse in Christo.«

PERSA: »Dicimus.«

DER PERSER: »Ja, das glauben wir. Und wir betonen, daß er wahrer Mensch war und ist.«

PETRUS: »Sehr gut. Diese Natur war, weil sie eben menschlich war, nicht göttlich. Und daher habt ihr es bei allem Menschlichen, das ihr an Christus seht und durch das er genau wie andere Menschen war, nicht mit Christus als Gott, sondern mit einem Menschen zu tun.«

DER PERSER: »So ist es.«

PETRUS: »In diesem Punkte sind wir uns wieder alle einig. Denn Christus hatte eine vollkommen menschliche Natur, und weil er sie hatte, war er wahrer Mensch und sterblich wie jeder Mensch. In dieser Eigenschaft war er jedoch nicht Wort Gottes. Sag mir nun eines: Was meint ihr denn damit, wenn ihr ihn als ›Wort Gottes‹ bekennt?«

[32] DER PERSER: »Damit meinen wir keine Natur, sondern Gnade. Das heißt, daß Jesus diese besondere Gnade erlangt hat, weil Gott sein Wort in ihn gelegt hat.«

PETRUS: »Hat nicht Gott auf ähnliche Weise sein Wort auch in andere Propheten gelegt?[53] Sie alle haben doch durch das Wort Gottes gesprochen[54] und waren Boten des Wortes Gottes!«

DER PERSER: »Das ist wohl wahr. Doch Christus ist der größte von allen Propheten. Daher verdient er es mehr als andere, Wort Gottes genannt zu werden. Bei einem König ist es ja auch so: Mehrere Sendschreiben für einzelne Ressorts oder Provinzen können das Wort des Königs enthalten, aber nur eins, das das Wort des Königs so enthält, daß auf seiner Grundlage das ganze Reich regiert wird, weil es nämlich

53 Die Argumentation zielt darauf, daß nach Ansicht des Islam kein grundlegender Unterschied zwischen den übrigen Propheten und Jesus besteht. »Gnade« kann Gott jederzeit entziehen, Natur dagegen nicht.

54 Jetzt die christliche Position: Alle Propheten haben »durch« Jesus gesprochen. Insofern wird hier wieder die höher geordnete Einheit vor der entfalteten Vielheit angenommen. Vgl. ThomasEv 52: »Vierundzwanzig Propheten haben in Israel gesprochen, und alle haben durch dich gesprochen.«

[33] PETRUS: »Placet. Sed attende quae est differentia inter missivas et haeredem regni. In haerede regni est proprie verbum regis vivum et liberum et illimitatum, in missivis nequaquam.«

PERSA: »Fateor; si rex mittit haeredem in regnum, haeres portat verbum patris vivum et illimitatum.«

PETRUS: »Nonne proprie haeres est verbum, et non nuntius seu commissarius, aut littera vel missiva? et in verbo haeredis complicantur omnia verba nuntiorum et missivarum? Et quamvis haeres regni non sit pater sed filius, non est alienus a regia natura, propter quam aequalitatem est haeres.«

[34] PERSA: »Bene capio. Sed obstat quia rex et filius sunt duo; ideo non admittimus Deum habere filium. Filius enim esset alius Deus quam Pater, sicut filius regis alius homo quam pater.«

PETRUS: »Bene similitudinem impugnas; nam non est propria quando attendis ad supposita. Sed si tollis diversitatem numeralem suppositorum et respicis ad potentiam quae est in regali dignitate Patris et Filii sui haeredis, tunc vides quomodo illa potentia regalis est una et in Patre et in Filio; in Patre ut in ingenito, in Filio ut in genito seu vivo Verbo Patris.«

PERSA: »Prosequere.«

das Gesetz und die Vorschriften enthält, die alle befolgen müssen.«

PETRUS: »Das ist ein schönes Gleichnis für unsere Beweisführung. Wenn nämlich das Wort des Königs auf verschiedenen Blättern Papier steht, verändert es nicht jeweils die Natur des Papiers, es bleibt dasselbe Papier, auch wenn es beschrieben ist. Ihr sagt ja auch, daß auf diese Weise die menschliche Natur in Christus erhalten geblieben ist.«

DER PERSER: »Ja, genau.«

[33] PETRUS: »Das ist ja auch richtig. Aber denk doch mal daran, daß ein solches Sendschreiben etwas anderes ist als der Erbe des Reiches, also der Kronprinz. Im Kronprinzen kommt uns das Wort des Königs lebendig, frei und ungehindert entgegen, in einem Schreiben ist das anders.«[55]

DER PERSER: »Einverstanden. Wenn der König seinen Erben in das Reich schickt, dann übermittelt der Erbe das Wort des Vaters lebendig und ungehindert.«

PETRUS: »Ist dann nicht der Erbe eigentlich das Wort und nicht ein Bote oder Beauftragter, wie man das von einem Schriftstück oder einem Schreiben sagen würde? Und sind nicht im Wort des Erben die Worte aller Gesandten oder Sendschreiben enthalten? Und obwohl der Erbe des Reiches nicht der Vater, sondern der Sohn ist, hat er auch etwas von der Natur des Königs. Deswegen ist er ja der Erbe.«

[34] DER PERSER: »Das verstehe ich schon. Doch es bleibt das Problem, daß der König und der Sohn zwei sind. Daher sagen wir: Gott hat keinen Sohn. Denn der Sohn wäre ein anderer Gott, als es der Vater ist, so wie der Sohn des Königs ein anderer Mensch ist und eben nicht der Vater.«

PETRUS: »Du hast das Gleichnis sehr gut kritisiert. Es trifft tatsächlich nicht zu, aber nur, weil du nicht auf den richtigen Vergleichspunkt schaust. Der Vergleichspunkt liegt nämlich in der königlichen Vollmacht, und die zahlenmäßige Verschie-

---

55 Ziel der Argumentation: Unterscheidung zwischen dem geschriebenen Wort (Koran) und dem lebendigen Wort (Jesus Christus).

PETRUS: »Esto igitur quod sit potentia talis regalis absoluta ingenita et genita, et quod ipsa talis ingenita vocet ad societatem successionis connaturalis genitae natura alienum, ut aliena natura in unione cum propria simul et indivise possideant regnum. Nonne naturalis successio et gratiosa seu adoptiva in una haereditate concurrunt?«

PERSA: »Manifestum est.«

[35] PETRUS: »Sic et in una successione unius regni uniuntur filiatio et adoptio; sed adoptionis successio non in se, sed in filiationis successione suppositatur. Adoptio enim quae de sua natura non succedit, si succedere debet filiatione existente, oportet quod non in se, sed in illa suppositetur qui per naturam succedit. Si igitur adoptio, ut cum filiatione succedat in adeptione simplicissimae et indivisibilis haereditatis, non capit ex se sed ex filiatione successionem, non erit alius successor adoptivus et alius naturalis, licet alia natura adoptionis, alia naturalis. Nam quando separatus foret, et non in eadem ypostasi adoptivus cum naturali, quomodo concurreret in successione indivisibilis haereditatis? Unde in Christo sic tenendum est naturam humanam unitam Verbo seu naturae divinae, ita quod humana non transit in divinam, sed adhaeret sic indissolubiliter eidem, ut non separatim in se sed in divina personetur; ad finem quod ipsa humana natura, vo-

denheit tut hier nichts zur Sache. Die königliche Vollmacht resultiert aus der königlichen Würde, und die haben der Vater und sein Sohn, der Erbe, gemeinsam. Sie ist also dieselbe beim Vater, sozusagen dem Ungezeugten, und beim Sohn, sozusagen dem Gezeugten beziehungsweise dem lebendigen Wort des Vaters.«

DER PERSER: »Rede weiter!«

PETRUS: »Nimm nun an, diese absolute königliche Vollmacht könne es sowohl bei Gezeugten als auch bei Ungezeugten geben. Angenommen, der ungezeugte Vollmachtträger beruft nun einen Gezeugten dazu[56], mit ihm zusammen gleichzeitig und gleichberechtigt das Reich zu regieren, und nimmt ihn damit in die natürliche Erbfolge auf, die eigentlich nur für Vollmachtträger der gleichen Natur, also entweder für Gezeugte oder für Ungezeugte, gilt. Dann wäre der Gezeugte doch Erbe sowohl nach der natürlichen Erbfolge als auch nach der durch Gnade beziehungsweise durch Adoption[57] hergestellten Erbfolge, oder?«

DER PERSER: »Das sieht ganz so aus.«

[35] PETRUS: »So verbinden sich bei dem einen Erben in dem einen Reich Kindschaft und Adoption. Denn die Erbfolge aufgrund von Adoption gilt nicht aus sich allein heraus, sondern nur, weil es eine Erbfolge aufgrund von Kindschaft

---

56 Es geht um die beiden »Naturen« in Jesus Christus, die göttliche und die menschliche. Es ist hier nötig, darauf einzugehen, weil »Natur« die grundsätzliche Ausstattung Jesu meint. Sie richtet sich nach den beiden Bereichen, denen Jesus zugehört: dem Bereich der Menschen und dem Bereich Gottes.

57 Mit der Adoption wird hier im Blick auf die menschliche Natur Jesu Christi argumentiert. Der Sachverhalt: Seit dem 4. Jh. n. Chr. nimmt man in Jesus Christus eine menschliche Natur und eine göttliche Natur an. Der Begriff Natur bezeichnet die Summe von Eigenschaften. Die göttliche Natur ist dem in Jesus als Mensch erschienenen Schöpfungswort Gottes von jeher (»seit Ewigkeit«) zu eigen. Die menschliche Natur wurde zum »Wort« (Logos) hinzu adoptiert. Der Begriff der Erbfolge wird hier eingebracht, weil der Sohn Gottes etwas von dem hat, was er ist: Seligkeit bei Gott.

cata ad successionem aeternae vitae cum divina, in ipsa divina immortalitatem assequi possit.«

XII

[36] PERSA: »Competenter capio istud; sed adhuc alio intelligibili exemplo iam dictum clarifica.«

PETRUS: »Non possunt fingi similitudines praecisae; sed ecce, sapientia in se estne accidens vel substantia?«

PERSA: »Substantia ut in se; ut autem alteri accidit, accidens.«

gibt. Sie ergibt sich ja nicht aus der Natur des Adoptierten, die eigentlich der Erbfolge entgegenstehen würde, sondern der Adoptierte muß erst an Kindes Statt angenommen werden, um in den Genuß der natürlichen Erbfolge, wie sie für leibliche Kinder gilt, gelangen zu können. Also tritt der Adoptierte nicht aufgrund seiner Natur, sondern aufgrund der Kindschaft in die Erbfolge ein und erhält das Erbe als ganzes und ungeschmälert wie ein leibliches Kind. Aber obwohl hier zwei Formen der Erbfolge, die natürliche und die durch Adoption, zusammenfallen, kann es in einem solchen Fall nicht gleichzeitig zwei Alleinerben, einen adoptierten und einen leiblichen, geben. Denn wie sollte das Erbe ungeteilt weitergegeben werden, wenn das leibliche Kind und das Adoptivkind zwei verschiedene Kinder wären und nicht eines, das beide Eigenschaften in Personalunion[58] vereint? In der gleichen Weise ist in Christus die menschliche Natur mit dem Wort beziehungsweise der göttlichen Natur vereint. Dabei geht jedoch die menschliche Natur nicht in die göttliche über, ist aber so unauflöslich mit dieser verbunden, daß sie nicht getrennt für sich, sondern nur in der göttlichen Natur Person sein kann. Das Ziel ist, daß Christus als Mensch zusammen mit Christus als Gott zur Erbfolge des ewigen Lebens berufen ist und in seiner Eigenschaft als Gott die Unsterblichkeit erlangen kann.«

XII

[36] DER PERSER: »Das habe ich jetzt wohl begriffen. Aber vielleicht hast du noch ein anderes Gleichnis, damit es noch klarer wird.«

PETRUS: »Gleichnisse hinken meistens. Aber nehmen wir

---

58 Diesen Ausdruck verwenden wir hier, weil Jesus Christus eine Person ist, aber zwei Naturen hat.

PETRUS: »Omnis autem sapientia in omnibus sapientibus ab illa est quae est per se sapientia, quoniam illa Deus.«

PERSA: »Ostensa sunt haec.«

PETRUS: »Nonne unus homo est sapientior alio?«

PERSA: »Certum est.«

PETRUS: »Qui igitur sapientior est, propinquior est ad sapientiam per se, quae est maxima absolute; et qui minus sapiens, remotior.«

PERSA: »Admitto.«

PETRUS: »Numquam autem aliquis homo secundum humanam naturam adeo sapiens est quin posset esse sapientior. Nam inter sapientiam contractam, scilicet humanam, et sapientiam per se, quae est divina et maxima atque infinita, semper manet infinita distantia.«

PERSA: »Et hoc similiter manifestum.«

[37] PETRUS: »Sic de magisterio absoluto et magisterio contracto pariformiter; in magisterio enim absoluto est ars infinita, in contracto finita. Esto igitur quod intellectus alicuius tale magisterium ac talem sapientiam habeat, quod non sit possibile maiorem haberi sapientiam seu maius magisterium; tunc intellectus illius maxime unitus est sapientiae per se, seu magisterio per se, adeo quod unio illa maior esse non posset. Nonne ille intellectus in virtute unitae sapientiae maximae, et uniti magisterii maximi cui unitur, divinam virtutem adeptus esset, et in homine talem habente intellectum natura intellectualis humana esset immediatissime unita naturae divinae seu sapientiae aeternae, Verbo aut arti omnipotenti?«

PERSA: »Fateor totum, sed haec unio adhuc esset gratiae.«

zum Beispiel die Weisheit. Ist sie, für sich selbst genommen, Akzidenz oder Substanz[59]?«

DER PERSER: »Für sich betrachtet, ist sie Substanz. Doch bei einem Weisen ist sie Akzidenz.«

PETRUS: »Jegliche Weisheit aller Weisen kommt von der Weisheit her, die Weisheit schlechthin ist, denn diese Weisheit ist Gott.«

DER PERSER: »Das haben wir schon gehört.«

PETRUS: »Gibt es aber nicht Menschen, die weiser sind als andere?«

DER PERSER: »Doch, bestimmt.«

PETRUS: »Wer weiser ist, der ist näher an der absolut höchsten Weisheit, der Weisheit schlechthin. Und wer weniger weise ist, der ist weiter von ihr entfernt, oder?«

DER PERSER: »Das kann man so sagen.«

PETRUS: »Doch es ist typisch für die Menschen, daß kein Mensch so weise ist, daß er nicht noch weiser werden könnte. Denn zwischen der endlichen, menschlichen Weisheit und der Weisheit an sich, der göttlichen, höchsten, unendlichen, bleibt immer ein unendlicher Abstand.«

DER PERSER: »Auch das ist klar.«

[37] PETRUS: »Ganz ähnlich ist es mit dem absoluten und dem relativen Können. Beim absoluten Können sind die Fähigkeiten unbegrenzt, beim relativen Können sind sie begrenzt. Gesetzt den Fall, der Verstand eines Menschen wiese ein solches Können und so große Weisheit auf, daß niemand ein größeres Können oder mehr Weisheit besitzen könnte.[60]

59 Substanz und Akzidenz sind zwei Grundkategorien der scholastischen Erkenntnislehre. Substanz bezeichnet dasjenige, dem etwas zugesprochen wird (Farbe, Ausdehnung; Größe), Akzidenz dagegen ist das, was einer Substanz zugesprochen wird. Dabei sind weder Substanz noch Akzidenz ein für allemal zu definieren, sie sind nicht »Dinge«, sondern unterscheidende Betrachtungsweisen.

60 Die Gedankenstruktur »quo maius cogitari non potest«, d. h. das unvorstellbare Höchstmaß, verrät bei Nicolaus Cusanus immer christologisches Denken.

[38] PETRUS: »Quando unio tanta foret naturae inferioris ad divinam quod maior esse non posset, tunc foret ei unita etiam in unitate personali. Quamdiu enim natura inferior non elevaretur in unitatem personalem et ypostaticam superioris, maior esse posset. Si igitur ponitur maxima, inferior in superiori adhaerendo subsistit; nec hoc per naturam sed gratiam. Haec autem gratia maxima, quae maior esse nequit, non distat a natura, sed cum illa unitur. Unde etsi per gratiam humana natura uniatur divinae, tamen gratia illa, cum maior esse nequeat, immediatissime terminatur in natura.«

PERSA: »Qualitercumque dixeris, ex quo natura humana per gratiam potest elevari ad unionem divinae in quolibet homine, non plus dici debet homo Christus Deus quam alius sanctus, licet ipse inter homines sanctissimus.«

[39] PETRUS: »Si attenderes in solo Christo altitudinem altissimam quae maior esse nequit, et gratiam maximam quae maior esse nequit, et sanctitatem maximam, et ita de ceteris; deinde attenderes non esse possibile altitudinem maximam

Dann wäre dieser Verstand so sehr eins mit der Weisheit an sich oder dem Können an sich wie nur irgend möglich. Hätte er da nicht durch das Einssein mit der höchsten Weisheit und mit dem größten Können gewissermaßen Göttlichkeit erlangt? Und wäre in einem Menschen mit einem derartigen Verstand nicht der menschliche Intellekt ganz unmittelbar verbunden mit dem Göttlichen beziehungsweise mit der ewigen Weisheit, dem *Wort* oder dem absoluten Können?«

DER PERSER: »Das räume ich alles gerne ein. Doch dieses Einssein wäre immer noch Gnade.«[61]

[38] PETRUS: »Wenn die Nähe eines menschlichen Wesens zum göttlichen so eng wäre, daß sie enger nicht sein könnte, dann würde das eine personale Einheit bedeuten. Denn solange das niedere Wesen noch nicht eine Personalunion mit dem höheren bildet, besteht noch ein Abstand, der weiter verringert werden kann. Aber wenn die Nähe so groß ist, daß sie nicht mehr größer werden kann, dann hängt das niedere Wesen gewissermaßen am höheren, und zwar nicht von Natur aus, sondern durch Gnade. Aber es wäre die größte denkbare Gnade, und von ihr aus ist es nur ein kleiner Schritt bis zu einer naturgegebenen Einheit. Daher grenzt jede Einheit, bei welcher der Mensch mit dem Göttlichen eins ist, weil die Nähe nicht größer sein könnte, an eine Einheit von Natur aus.«

DER PERSER: »Aber du kannst sagen, was du willst, ich bleibe dabei: Wenn die menschliche Natur durch Gnade erhoben werden kann, dann hat der Mensch Jesus Christus genau soviel und genausowenig Anspruch darauf, Gott genannt zu werden, wie jeder andere Heilige, auch wenn er der allerheiligste überhaupt wäre.«

[39] PETRUS: »Aber du mußt bedenken, daß wir allein

---

61 Hier wird wieder – wie oben – Gnade gegen Natur ausgespielt. Gnade bleibt verfügbar für den, der sie schenkt. Natur dagegen ist festgelegt und unveränderlich.

quae maior esse nequit esse plus quam unam, et ita de gratia
et sanctitate; atque post hoc adverteres omnem altitudinem
cuiuscumque prophetae, quemcumque gradum habuerit, im-
proportionabiliter distare ab altitudine illa quae maior esse
nequit, ita quod dato quocumque gradu altitudinis, inter illum et solum altissimum cadere possunt infiniti maiores
dato et minores altissimo – ita de gratia, sanctitate, pruden-
tia, sapientia, magisterio, et singulis –: tunc clare videres solum unum Christum esse posse, in quo natura humana in unitate suppositi unita est naturae divinae. Et hoc ipsum etiam
Arabes fatentur, quamvis plerique non plene considerent. Dicunt enim Arabes Christum solum altissimum in hoc mundo
et futuro et Verbum Dei. Neque illi qui dicunt Christum
Deum et hominem aliud dicunt quam Christum solum altissimum hominem et Verbum Dei.«

PERSA: »Videtur quod, postquam unio illa quae in altissimo
est necessaria bene consideratur, quod Arabes ducibiles sint
ad recipiendum hanc fidem, quia per eam unitas Dei, quam
maxime custodire nituntur, nequaquam laeditur sed salvatur.
Sed dicito quomodo capi potest quod natura humana non in
se, sed in divina adhaerendo suppositetur?«

[40] PETRUS: »Cape exemplum, licet remotum. Lapis ma-

bei Christus die höchste Höhe finden, die höher nicht sein
kann, die größte Gnade, die größer nicht sein kann, die
größte Heiligkeit und so weiter mit allem anderen. Ferner
solltest du daran denken, daß es die höchste Höhe, die höher nicht sein kann, nur einmal geben kann, und das gilt
ja auch für die größte Gnade und die größte Heiligkeit.
Und schließlich solltest du dir klarmachen, daß auch die
höchste Höhe, die irgendein Prophet erreicht haben mag,
unvergleichlich weit entfernt von jener Höhe ist, die höher
nicht sein kann. Das ist so, als wenn man auf irgendeiner
Stufe steht, von der aus bis zu dem allerhöchsten Punkt
noch unendlich viele Stufen sind, die höher liegen als die,
auf der man steht, und gleichwohl niedriger als die allerhöchste. Genau so ist es mit der Gnade, der Heiligkeit,
der Klugheit, der Weisheit, dem Können und all dem anderen. Wenn du dies alles bedenkst, dann wird dir klar, daß
es nur den einen Christus geben kann, bei dem die menschliche Natur mit der göttlichen Natur so eins ist, daß die letz-
tere die erstere enthält. Auch das bekennen übrigens die
Araber, auch wenn die meisten sich dessen nicht richtig bewußt sind. Denn die Araber sagen, allein Christus sei der
Höchste in dieser und in der kommenden Welt und er sei
das Wort Gottes. Und diejenigen, die sagen, Christus sei
Gott und Mensch, meinen auch nichts anderes als daß Christus allein der höchste Mensch und das Wort Gottes ist.«

DER PERSER: »Nachdem wir jene notwendige Einheit im
Höchsten hinreichend geklärt haben, dürften auch die Araber dazu zu bewegen sein, diesen Glauben anzunehmen,
weil ja durch ihn die Einheit und Einzigkeit Gottes, auf die
sie vor allem Wert legen, gar nicht untergraben, sondern
voll respektiert wird. Aber wie ist das zu verstehen, daß die
menschliche Natur nicht aus sich selbst heraus Bestand hat,
sondern nur dadurch, daß sie mit der göttlichen eng verbunden ist?«

[40] PETRUS: »Auch hierfür gibt es ein Gleichnis, wenn

gnes attrahit sursum ferrum, et adhaerendo in aere magneti natura ferri non in sua ponderosa natura subsistit – alias enim non penderet in aere, sed caderet secundum naturam suam versus centrum terrae –, sed in virtute naturae magnetis ferrum magneti adhaerendo subsistit in aere, et non virtute propriae naturae secundum quam ibi esse non posset. Causa autem cur inclinetur sic ferri natura ad naturam magnetis est, quia ferrum gerit in se similitudinem naturae magnetis, a qua ortum recepisse dicitur. Sic, dum natura intellectualis humana adhaereret naturae intellectuali divinae propinquissime a qua recepit esse, illi adhaereret ut fonti vitae suae inseparabiliter.«

Persa: »Intelligo.«

[41] Petrus: »Adhuc Arabum secta, quae magna est, fatetur Christum mortuos resuscitasse et de luto volatilia creasse, et multa alia quae Iesum Christum tamquam potestatem habentem expresse fecisse confitentur, ex quibus facilius duci possunt, quoniam ipsum haec fecisse in virtute naturae divinae, cui humana suppositaliter unita fuit, negari nequit. Potestas enim Christi qua imperavit ista fieri, quae facta per eum Arabes confitentur, non potuit esse secundum naturam humanam, nisi humana illa in unione cum divina, cuius potentia est taliter imperare, assumpta foret.«

Persa: »Ista et multa de Christo Arabes affirmant, quae in Alfurkan conscribuntur. Erit tamen difficilius Iudaeos ad huius credulitatem conducere quam alios, quoniam ipsi de Christo nihil per expressum admittunt.«

Petrus: »Habent in suis scripturis de Christo illa omnia; sed litteralem sensum sequentes intelligere nolunt. Haec tamen Iudaeorum resistentia non impediet concordiam. Pauci enim sunt et turbare universum mundum armis non poterunt.«

auch ein entferntes.[62] Ein Magnet zieht ein Eisenstück in die Höhe. Während das Eisenstück vom Magneten angezogen wird, hat es nicht mehr seine normale Schwerkraft – sonst hinge es ja nicht am Magneten fest, sondern fiele in Richtung Erdmittelpunkt –, vielmehr wird es durch die Kraft des Magneten in der Luft gehalten. Das verdankt es aber nicht seiner eigenen Natur, denn die würde es ihm nicht erlauben, dort zu hängen, sondern der Tatsache, daß das Eisenstück aus ähnlichem Stoff ist wie der Magnet, aus dem es ja, wie man sagt, entstanden ist. Mit der vernunftbegabten menschlichen Natur ist es genau so. Sie hängt ganz innig an der göttlichen vernunftbegabten Natur, weil sie von dieser her das Sein empfangen hat, und ist auf diese Weise untrennbar mit dem Ursprung ihres eigenen Lebens verbunden.«

DER PERSER: »Das habe ich verstanden.«

[41] PETRUS: »Bis auf den heutigen Tag glaubt eine große Gruppe unter den Arabern ausdrücklich daran, daß Jesus Christus Tote auferweckt, aus Lehm lebendige Vögel erschaffen[63] und vieles andere getan hat, wozu man die entsprechende Vollmacht haben muß. Diese kann man leicht überzeugen, denn es ist doch nicht zu bestreiten, daß er dies aus der Kraft seiner göttlichen Natur, in der die menschliche Natur gewissermaßen ›geerdet‹ war, getan haben muß. Denn die Vollmacht, mit der Jesus Christus all das bewirkt hat, was die Araber als durch ihn geschehen bekennen, kann die menschliche Natur nur haben, wenn sie zum Einssein mit der göttlichen Natur, die allein so etwas bewirken kann, erhoben worden ist.«

DER PERSER: »Dies und vieles andere, was die Araber von Jesus Christus behaupten, steht im Koran. Schwieriger dürfte

---

62 Der Magnet steht für die göttliche Natur (und zunächst für den göttlichen Logos), das Eisenstück aber für die menschliche Natur (und zunächst für den menschlichen Verstand). Über die Teilhabe des irdischen Logos am göttlichen Weltenlogos s. o.

63 Koran, Sure 3,49; 5,110.

XIII

[42] SYRUS ad haec: »Petre, audivi superius concordiam ex praesuppositis in qualibet secta posse reperiri; dicito quomodo hoc in isto poterit articulo verificari.«

PETRUS: »Dicam; et primum dicito mihi: Nonne solus Deus est aeternus et immortalis?«

SYRUS: »Sic credo, nam omne praeter Deum principiatum est. Quare, cum principium habeat, habebit secundum naturam suam et finem.«

PETRUS: »Nonne paene omnis religio – Iudaeorum, Christianorum, Arabum et aliorum plurimorum hominum – tenet humanam mortalem naturam cuiuslibet hominis post mortem temporalem ad vitam perpetuam resurrecturam?«

SYRUS: »Ita credit.«

PETRUS: »Fatentur igitur omnes tales naturam humanam divinae et immortali uniri debere. Nam alias quomodo transiret natura humana ad immortalitatem, si eidem non adhaereret unione inseparabili?«

SYRUS: »Hoc necessario praesupponit fides resurrectionis.«

es sein, die Juden davon zu überzeugen, denn in ihren Schriften findet sich kein ausdrücklicher Hinweis auf Jesus Christus.«

PETRUS: »Die Juden könnten durchaus all dies über Christus in ihren Schriften finden. Aber sie folgen dem Wortsinn und wollen es nicht verstehen. Doch die ablehnende Haltung der Juden kann den Glaubensfrieden nicht verhindern. Sie sind ja nur wenige und werden nicht die ganze Welt mit Waffengewalt durcheinanderbringen können.«

XIII

[42] Daraufhin sagte der SYRER: »Ich habe vorhin gehört, Petrus, daß man mit jeder Religionsgemeinschaft eine Übereinstimmung finden kann, wenn man nur von ihren Voraussetzungen ausgeht. Erkläre uns doch, wie das in bezug auf die Auferstehung geschehen kann!«

PETRUS: »Das will ich gerne tun. Zuerst sage mir: Ist allein Gott ewig und unsterblich?«

DER SYRER: »Daran glaube ich. Denn außer Gott hat alles einen Anfang. Und alles, was einen Anfang hat, hat naturgemäß auch ein Ende.«

PETRUS: »Gibt es nicht in fast allen Religionen – bei Juden, Christen, Moslems, aber auch sehr vielen anderen – die Auffassung, daß der sterbliche Mensch nach dem Tod in der Zeit zum ewigen Leben auferstehen wird?«

DER SYRER: »Doch, das glauben viele.«

PETRUS: »Alle, die dies glauben, bekennen damit, daß die menschliche Natur mit der unsterblichen göttlichen Natur vereint werden muß. Denn wie anders als durch diese unauflösbare Vereinigung sollte die menschliche Natur zur Unsterblichkeit gelangen?«

DER SYRER: »Der Glaube an die Auferstehung muß das voraussetzen.«

[43] Petrus: »Si igitur hoc fides habet, ergo ipsa natura humana in aliquo homine prioriter unitur divinae, in illo scilicet qui est facies omnium gentium et altissimus Messias et Christus, prout nominant Christum Arabes et Iudaei. Hic enim, Deo secundum omnes proximus, erit ille in quo omnium hominum natura prioriter unitur Deo. Ob hoc ipse est salvator et mediator omnium in quo natura humana, quae est una et per quam omnes homines homines sunt, unitur divinae et immortali naturae, ut sic omnes homines eiusdem naturae assequantur resurrectionem a mortuis.«

Syrus: »Intelligo te velle fidem resurrectionis mortuorum praesupponere unionem naturae humanae ad divinam, sine qua haec fides foret impossibilis; et hanc asseris esse in Christo; quare ipsum praesupponit fides.«

[44] Petrus: »Recte capis. Ex hoc accipe quomodo omnia promissa quae Iudaeis promissa reperiuntur, in fide Messiae seu mediatoris firmantur, per quem promissa inquantum aeternam vitam respiciunt solum poterant et possunt compleri.«

Syrus: »Quid de aliis sectis?«

Petrus: »Pariformiter. Nam omnes homines non nisi aeternam vitam in sua natura humana desiderant et expectant, et ad hoc purgationes animarum et sacra instituerunt, ut se illi aeternae vitae in sua natura melius adaptent. Non appetunt homines beatitudinem, quae est ipsa aeterna vita, in alia quam propria natura; homo non vult esse nisi homo, non angelus aut alia natura; vult autem esse homo beatus, qui ultimam felicitatem assequatur. Haec autem felicitas non est nisi fruitio seu unio vitae humanae cum fonte suo, unde scilicet emanat ipsa vita, et est vita divina immortalis. Hoc autem

[43] PETRUS: »Wenn das also Inhalt des Glaubens ist, dann heißt das, daß diese menschliche Natur in einem bestimmten Menschen schon vorher mit der göttlichen Natur verbunden wird[64], nämlich in dem Menschen, der das Antlitz aller Völker[65] ist, der allerhöchste Messias und Christus, wie die Araber und Juden ihn nennen. Denn er steht nach allgemeiner Auffassung Gott am nächsten, und in ihm wird die Menschennatur zum ersten Mal mit Gott vereint. Daher ist er, in dem die Menschennatur als solche, die alle Menschen zu Menschen macht, mit der göttlichen und unsterblichen Natur vereint wird, der Erlöser und Mittler für alle, so daß alle Menschen, da sie ja dieselbe Natur haben wie er, ebenfalls die Auferstehung von den Toten erlangen.«

DER SYRER: »Wenn ich es recht verstehe, willst du damit sagen, der Glaube an die Auferstehung der Toten setzt das Einswerden der menschlichen Natur mit der göttlichen voraus und wäre ohne diese Voraussetzung unmöglich. Dieses Einswerden, sagst du, ist bei Christus vorhanden, und daher setzt der Glaube ihn voraus.«

[44] PETRUS: »Das hast du richtig verstanden. Du wirst zugeben müssen, daß alle Verheißungen, die den Juden gegeben wurden, im Glauben an den Messias, also den Mittler, bestä-

---

64 Durch diese Argumentation wird die Zwei-Naturen-Lehre geschickt verknüpft mit der christlichen Lehre von der Auferstehung. Das, was bisher singulär in Jesus Christus geschehen ist, die Verbindung von Gott und Mensch, von göttlicher und menschlicher Natur, wird bei der Auferstehung ausgeweitet auf alle Christen.

65 Vgl. Koran 19,21 und 21,91 (»Zeichen« wird »Antlitz« über die Bedeutung des griech. Wortes *semeion* als »Bildnis«); vgl. bes. Lk 2,34. – Vgl. O-Antiphonen der Vesper am 19. 12.: »... *qui stas in signum populorum*.« Lk 3,31 (*ante faciem omnium populorum*), vor allem: Lk 2,34 (*Ecce positus est hic ... in signum, cui contradicetur*; noch Lukas v. Brügge zitiert zu dieser Stelle Ps 17,44 *eripies me de contradictionibus populi, constitues me in caput gentium*).

quomodo esset possibile homini, nisi in aliquo communis omnium natura ad talem unionem elevata concedatur, per quem tamquam mediatorem omnes homines ultimum desideriorum consequi possent? Et hic est via quia homo, per quem accessum habet omnis homo ad Deum, qui est finis desideriorum. Christus est ergo qui praesupponitur per omnes qui sperant ultimam felicitatem se assecuturos.«

[45] SYRUS: »Optime haec placent. Nam si intellectus humanus credit se assequi posse unionem ad sapientiam, ubi aeternum vitae suae pastum adipiscatur, praesupponit alicuius altissimi hominis intellectum unionem illam altissime consecutum et hoc altissimum magisterium adeptum, per quod quidem magisterium se sperat similiter ad sapientiam illam aliquando perventurum. Si enim hoc non crederet possibile in aliquo etiam omnium hominum altissimo, in vanum speraret. Et quoniam omnium spes est aliquando consequi posse felicitatem, propter quam est omnis religio, nec in

tigt werden. Alle Verheißungen in bezug auf das ewige Leben konnten und können sich allein in ihm erfüllen.«

DER SYRER: »Inwiefern gilt das auch für die anderen Religionen?«

PETRUS: »Da ist es ganz ähnlich. Denn alle Menschen ersehnen und erwarten in ihrer Sterblichkeit im Grunde nichts anderes als ein ewige Leben. Darum haben sie Reinigungsriten für die Seelen und Opferrituale eingeführt, um sich in ihrem Erdenleben auf jenes ewige Leben besser vorzubereiten.[66] Und die Seligkeit, das ewige Leben, wollen sie an ihrem eigenen Leib erfahren. Der Mensch will nur Mensch sein, kein Engel oder irgendein anderes Wesen. Aber ein seliger Mensch möchte er sein, der am Ende das höchste Glück erlangt. Dieses höchste Glück ist nichts anderes als die Erfahrung des Einswerdens des Menschen mit seinem Ursprung, seiner Quelle, aus der das Leben selbst fließt, das göttliche, unsterbliche Leben. Aber wie sollte das für den Menschen anders möglich sein als dadurch, daß in einem bestimmten Menschen die Menschennatur zu einem solchen Einswerden erhoben werden darf, durch dessen Mittlerschaft dann alle Menschen ihre letzte Sehnsucht erfüllt bekommen. Dieser eine Mensch ist der Weg, durch den jeder Mensch einen Zugang zu Gott hat, der das Ziel aller Sehnsucht ist. Christus wird also von allen vorausgesetzt, die hoffen, die letzte Glückseligkeit erreichen zu können.«

[45] DER SYRER: »Das ist ein schöner Gedanke. Denn wenn der menschliche Verstand daran glaubt, mit der Weisheit eins werden zu können und dort die ewige Nahrung[67] für sein Leben zu erlangen, dann setzt er voraus, daß der Verstand irgendeines sehr hochstehenden Menschen dieses Einswerden und dieses höchste Können, durch die er hofft, ähn-

---

66 Diese Deutung der Riten durch den Cusaner ist nicht ganz frei von Willkür. Richtig ist aber, daß jede Reinigung der Steigerung der Lebensintensität dient.

67 Zum Thema »Weisheit« und »Nahrung« vgl. auch Joh 6,32-63.

hoc cadit deceptio – quia haec spes omnibus communis est ex connato desiderio, ad quam sequitur religio, quae pariformiter omnibus consequenter connata existit –, hinc video hunc magistrum et mediatorem, naturae humanae supremitatem perfectionis et principatum tenentem, ab omnibus praesupponi. Sed dicunt forte Iudaei hunc principem naturae, in quo omnes defectus omnium hominum supplentur, nondum natum sed aliquando nasciturum.«

PETRUS: »Sufficit quod tam Arabes quam Christiani, atque alii qui testimonium in sanguine suo perhibuerunt, testificentur per ea, quae prophetae de ipso locuti sunt et quae dum esset in mundo super hominem operatus est, eum venisse.«

XIV

[46] HISPANUS: »Erit forte de Messia, quem maior mundi pars venisse fatetur, alia circa nativitatem suam difficultas, asserentibus Christianis et Arabis eum de virgine Maria natum, aliis hoc pro impossibili habentibus.«

PETRUS: »Omnes qui Christum venisse credunt, ipsum de virgine natum confitentur. Nam cum ipse sit ultimitas perfectionis naturae et solus altissimus, cuius patris debuit esse filius? Omnis enim pater generans in perfectione naturae distat

lich auch selbst einst zur absoluten Weisheit hingelangen zu können, bereits in höchstem Maße erreicht hat. Denn wenn er dies nicht in einem wenn auch sehr hochstehenden Menschen für möglich hielte, wäre seine Hoffnung ja unbegründet. Und weil aller Menschen Hoffnung darauf zielt, dereinst die Glückseligkeit erlangen zu können (um die es ja bei jeder Religion geht), ist das keine Täuschung. Diese Hoffnung haben alle gemeinsam, und sie erwächst aus einer angeborenen Sehnsucht, wie auch die Religion, die wiederum aus der Hoffnung erwächst, ebenfalls angeboren ist.[68] Und daraus erkenne ich, daß auch dieser eine Mittler, der dadurch, daß in ihm die menschliche Natur zu ihrer höchsten Vollendung gelangt, für alle ein Vorbild ist, von allen vorausgesetzt wird. Aber die Juden behaupten doch wohl steif und fest, daß dieser vorbildhafte Mittler, in dem alle Mängel aller Menschen aufgehoben sind, noch nicht geboren sei, sondern erst noch kommen werde.«

PETRUS: »Sowohl Araber als auch Christen wie auch andere, die mit ihrem Blut dafür eingestanden sind, bezeugen aufgrund dessen, was die Propheten über ihn verkündet haben und was er selbst in seinem Erdendasein über das Menschenmaß hinaus gewirkt hat, daß er schon gekommen ist, und das genügt.«

XIV

[46] DER SPANIER: »Im Zusammenhang mit dem Messias, von dem der größte Teil der Menschheit bekennt, daß er gekommen ist, gibt es wohl noch ein weiteres Problem, und das betrifft seine Geburt. Denn Christen und Moslems[69]

---

68 Vgl. dazu dann Ende des 18. Jh.s die Diskussion um das religiöse Apriori im Menschen (J. F. Fries).
69 Koran, Sure 3,47.

ab ultimitate perfectionis taliter quod non potest filio communicare perfectionem ultimam, qua altior esse nequit et quae extra unum hominem non est possibilis. Solus ille pater hoc potest, qui est creator naturae. Altissimus igitur non habet nisi hunc in patrem, a quo est omnis paternitas. Virtute igitur divina in utero virginis altissimus concipitur, et in ipsa virgine concurrebat altissima fecunditas cum virginitate. Unde Christus sic natus est nobis, ut sit omnibus hominibus coniunctissimus. Eum enim habet patrem, a quo omnis hominis pater habet quod est pater; et illam habet in matrem, quae nulli hominum carnaliter copulata fuit; ut sic quisque reperiat coniunctione propinquissima in Christo suam naturam in ultima perfectione.«

[47] Turkus: »Restat adhuc non parva differentia, asserentibus Christianis Christum crucifixum per Iudaeos, aliis id ipsum negantibus.«

Petrus: »Quod quidam Christum negant crucifixum sed adhuc vivere dicunt et venturum tempore Antichristi, ex eo evenit quod ipsi mysterium mortis ignorant. Et quia venturus est, ut asserunt, credunt eum venturum in carne mortali, quasi alias non posset debellare Antichristum. Et quod negant ipsum a Iudaeis crucifixum, ad reverentiam Christi ista dicere videntur, quasi tales homines in Christum nullam potestatem habuissent. Sed attende quomodo historiis illis, quae sunt multae, et praedicationi apostolorum, qui pro veritate mortui sunt, merito credi debet, scilicet Christum esse sic

sind der Meinung, er sei von der Jungfrau Maria geboren worden, während andere dies für unmöglich halten.«

PETRUS: »Alle, die glauben, daß Christus gekommen ist, bekennen, daß er von einer Jungfrau geboren sei. Denn wenn er selbst der höchste Gipfel der Vollendung der menschlichen Natur ist, wen sollte er dann zum Vater haben? Jeder Vater, der einen Sohn zeugt, ist doch von der höchsten Vollkommenheit der Natur so weit entfernt, daß er diese nicht an seinen Sohn weitergeben kann, weil eine solche unübertreffliche Vollkommenheit – außer bei einem einzigen Menschen – gar nicht möglich ist. Das kann nur der Vater, der der Schöpfer aller Menschen ist. Der am höchsten vollkommene Mensch kann also nur den eigentlichen Vater aller Geschöpfe zum Vater haben.[70] Durch Gottes Macht wird im Schoß der Jungfrau, in dem Gottes Schöpferkraft mit der Jungfräulichkeit zusammentraf, der höchste Mensch empfangen. Daher ist Christus so für uns geboren, daß er jedem Menschen ganz nahe ist. Er hat den zum Vater, der eigentlich der Vater aller ist und von dem jeder Menschenvater sein Vatersein hat, und die zur Mutter, die mit keinem Menschen körperlich vereinigt war, damit jeder von uns in Christus die höchste Vollendung seiner Natur findet, wenn er ihm ganz, ganz nahe kommt.«

[47] DER TÜRKE: »Da ist jedoch noch ein wichtiger Konfliktpunkt. Die Christen behaupten, Jesus sei durch die Juden gekreuzigt worden, andere bestreiten gerade dieses.«

PETRUS: Diejenigen, die die Kreuzigung Jesu leugnen und behaupten, er lebe noch und werde zur Zeit des Antichrists wiederkommen, kennen das Geheimnis seines Todes nicht.[71] Sie glauben außerdem, daß er als sterblicher Mensch wiederkommen wird, weil er sonst den Antichrist nicht würde besie-

---

70 Vgl. Eph 3,15: »So beuge ich meine Knie vor dem himmlischen Vater, dem eigentlichen Vater aller Geschöpfe im Himmel und auf Erden.« Wörtlich: »Von dem alle Vaterschaft ihren Namen hat«.

71 Jesus ist nach der Auffassung des Korans (Sure 3,55; 4,158) entrückt, aber nicht gekreuzigt (siehe auch Anmerkung 74).

mortuum. Ita enim prophetae de Christo praedixerunt quomodo morte turpissima condempnari deberet, quae erat mors crucis. Et ratio haec est: nam Christus venit missus a Deo patre, ut evangelizaret regnum caelorum, et ea de illo regno dixit quae melius per ipsum probari non poterant quam in testimonio sanguinis sui. Unde, ut esset oboedientissimus Deo patri et pro veritate quam annuntiabat omnem certitudinem offerret, mortuus est, et morte turpissima, ut omnis homo hanc non refutaret veritatem recipere, pro cuius testimonio voluntarie Christum mortem scirent recepisse. Praedicabat enim regnum caelorum, evangelizando quomodo homo illius regni capax ad ipsum pertingere posset. In cuius regni comparatione haec huius mundi vita, quae tam tenaciter per omnes diligitur, pro nihilo habenda est. Et ut sciretur quod veritas est illa vita regni caelorum, pro veritate dedit vitam huius mundi, ut sic perfectissime evangelizaret regnum caelorum et liberaret mundum ab ignorantia, qua praefert hanc vitam futurae, et daret se in sacrificium pro multis; ut sic in cruce exaltatus in omnium conspectu attraheret ad credendum omnes, et clarificaret Evangelium, et confortaret pusillanimes, et daret se libere in redemptionem pro multis, et faceret omnia meliori modo quo fieri possent, quod homines assequerentur fidem salvationis et spem ipsam adipiscendi et caritatem adimpletione mandatorum Dei.

gen können.[72] Und diejenigen, die leugnen, daß Jesus von den Juden gekreuzigt wurde, sagen das aus Ehrfurcht, um zu bekunden, daß solche Menschen gegen Christus nichts haben ausrichten können. Aber ich erkläre dir, warum die zahlreichen Berichte über die Art, wie Christus gestorben ist, und die Verkündigung der Apostel, die für die Wahrheit gestorben sind, durch und durch glaubwürdig sind. Bereits die Propheten haben vorhergesagt, daß Christus zu einem schändlichen Tod verurteilt würde, und das war der Kreuzestod ja nun wirklich. Der Grund ist folgender: Christus ist gekommen, vom Vater gesandt, um das Evangelium vom Himmelreich zu verkündigen. Was er über dieses Reich gesagt hat, konnte am besten durch das Zeugnis seines Blutes erwiesen werden. Weil er gegenüber Gott, dem Vater, absolut gehorsam war und für die Wahrheit, die er verkündigte, die höchste Gewißheit anbieten wollte, hat er daher den Tod auf sich genommen, und zwar den schändlichsten Tod, den es gibt. So kann sich kein Mensch mehr weigern, eine Wahrheit zu akzeptieren,

---

72 Vgl. Koran, Sure 4,159 (157). – Es handelt sich um ein sekundär mit Jesus Christus verbundenes Element der Antichrist-Tradition. Nach dieser ist es gewöhnlich Johannes der Evangelist (gelegentlich ein anderer), der sich im Gebirge verborgen hält und zur Zeit des Antichrist hervortreten wird, um ihn zu besiegen und dann erst das Martyrium erleiden und auferweckt werden wird. Daß dabei das »Fleisch« diskutiert wird, findet sich schon in der jüdischen koptischen Elia-Apokalypse: Demnach kommen Henoch und Elia, um mit dem Antichrist zu kämpfen. Aber dort heißt es gerade (W. Schrage, *Die koptische Elia-Apokalypse*, S. 272): »Danach kommen herab Elia und Henoch, legen ab das Fleisch dieser Welt, empfangen ein Fleisch des Geistes, verfolgen den Sohn der Gesetzlosigkeit (sc. den Antichrist) und töten ihn, ohne daß er reden kann.« Das hatten die beiden auch angekündigt: »Wir werden ablegen das Fleisch des Leibes und dich töten« (S. 260). Daß Jesus das menschliche Fleisch behalten wird, rührt zweifellos daher, daß er dann auch sterben kann. Denn alle Menschen müssen sterben, das ist ein Grundsatz, der gerade in der Tradition von Elia und Henoch immer wieder betont wird. Vgl. zum Ganzen: K. Berger, *Die Auferstehung des Propheten und die Erhöhung des Menschensohnes*, Göttingen 1976.

[48] Si igitur Arabes attendant ad fructum mortis Christi, et quod ad ipsum tamquam missum a Deo spectabat facere de seipso sacrificium, ut adimpleret desiderium patris sui, et quomodo nihil gloriosius Christo quam propter veritatem et oboedientiam mori, etiam turpissima morte: non subtraherent a Christo hanc gloriam crucis, per quam meruit esse altissimus et superexaltari in gloria patris. Deinde si Christus praedicavit homines immortalitatem consecuturos post mortem in resurrectione, quomodo potuit de hoc mundus melius certificari, quam quod ipse sponte mortuus est et resurrexit et vivus apparuit? Mundus enim tunc ultima certificatione certificatus fuit, quando hominem Christum mortuum in cruce palam et publice resurrexisse a mortuis et vivere audivit testimonio multorum, qui ipsum vivum viderunt et in hoc mortui sunt, ut essent fideles testes resurrectionis eius. Ista ergo fuit perfectissima evangelizatio, quam in seipso ostendit Christus, et perfectior esse non potuit; et sine morte et resurrectione

von der er weiß, daß Christus für ihre Bezeugung freiwillig gestorben ist. Denn er verkündete das Himmelreich und zeigte in seinem Evangelium, wie es dem Menschen gelingen kann, in dieses Reich zu gelangen. Im Vergleich zum Himmelreich ist das Leben in dieser Welt, an dem alle so beharrlich hängen, nichts wert. Und um alle davon zu überzeugen, daß es dieses Himmelreich wirklich gibt, hat er sein irdisches Leben für diese Wahrheit verpfändet. Er wollte eben das Himmelreich absolut glaubwürdig verkünden, und die Menschen, die aus Unwissenheit dieses irdische Leben dem zukünftigen vorziehen, aufklären, und dazu opferte er sein eigenes Leben für viele, um so, vor aller Augen am Kreuz erhöht, alle zum Glauben zu bringen[73], das Evangelium leuchten zu lassen, die Kleinmütigen zu stärken und sich aus freien Stücken hinzugeben, damit viele erlöst werden können und um so gut wie nur möglich alles zu tun, damit die Menschen den Glauben an das Heil, die Hoffnung, es zu erlangen, und durch die Erfüllung von Gottes Geboten die Liebe gewinnen.

[48] Daher sollten die Araber sich bewußt machen, was der Tod Jesu Christi bewirkt hat und daß er, von Gott gewissermaßen dazu ausersehen, sich selbst ganz und gar mit seinem Leben dafür einsetzte, den Wunsch seines Vaters zu erfüllen, und daß es für ihn keine größere Verheißung von Herrlichkeit gab, als für die Wahrheit und aus Gehorsam zu sterben, auch durch den schändlichsten Tod. Wenn die Araber dies einsähen, würden sie nicht versuchen, Christus den Ruhm des Kreuzestodes abzusprechen, durch den er es verdient hat, der Allerhöchste zu sein und in der Herrlichkeit des Vaters erhöht zu werden. Hätte es daher einen besseren Weg gegeben, die Menschen von der Wahrheit der Verkündigung Christi, daß sie nach ihrem Tod in der Auferstehung unsterblich werden können, zu überzeugen, als dadurch, daß er selbst freiwillig gestorben, auferstanden und als Lebendiger

73 Vgl. Joh 12,32.

potuit semper perfectior esse. Qui igitur credit Christum perfectissime adimplesse voluntatem Dei patris, omnia ista fateri debet sine quibus evangelizatio non fuisset perfectissima.

[49] Adhuc attende quoniam regnum caelorum fuit omnibus absconditum usque ad Christum. Nam hoc est evangelium Christi annuntiare regnum illud omnibus incognitum. Non igitur fuit fides neque spes assequendi regnum caelorum, neque a quoquam amari potuit, quando penitus ignotum. Neque fuit possibile quod aliquis homo adipisceretur ipsum regnum, natura humana nondum ad illam exaltationem elevata, ut divinae consors fieret naturae. Christus igitur omni modo aperiendi aperuit regnum caelorum. Sed regnum caelorum nemo intrare potest, nisi deponat regnum huius mundi per mortem. Oportet enim quod mortalis deponat mortalitatem, hoc est potentiam moriendi; et hoc non fit nisi morte. Tunc potest induere immortalitatem. Christus autem homo mortalis, si nondum mortuus, nondum deposuit mortalitatem; ita non intravit regnum caelorum, in quo nullus mortalis esse potest. Si igitur ipse, qui est primitiae et primogenitus inter omnes homines, non aperuit regna caelorum, nondum natura nostra Deo unita est in regnum introducta. Sic nullus hominum in regno caelorum esse posset, natura humana Deo unita nondum introducta. Cuius contrarium omnes homines, qui regnum caelorum esse credunt, asserunt; omnes enim ali-

erschienen ist? Denn die Menschen waren tatsächlich erst dann voll und ganz davon überzeugt, als sie von vielen Zeugen, die ihn selbst lebendig gesehen hatten und aufgrund ihres Zeugnisses als glaubwürdige Zeugen seiner Auferstehung gestorben sind, hörten, daß der Mensch Jesus Christus, der am Kreuz gestorben war, öffentlich und vor aller Augen von den Toten auferstanden und lebendig sei. Diese Verkündigung, die Christus an seinem eigenen Leib demonstrierte, hätte glaubwürdiger nicht sein können, weil sie ohne seinen Tod und seine Auferstehung immer noch überbietbar gewesen wäre. Wer also glaubt, daß Jesus Christus in unüberbietbarer Weise den Willen Gottes, des Vaters, erfüllt hat, der kann Tod und Auferstehung nicht leugnen, da ohne sie seine Verkündigung nicht vollkommen gewesen wäre.

[49] Ferner solltest du berücksichtigen, daß bis zu Jesus Christus hin das Himmelreich vor allen verborgen war. Das Evangelium, das Jesus Christus verkündigte, stellte ein Reich vor, das bis dahin allen unbekannt gewesen war. Daher gab es auch keinen Glauben und keine Hoffnung, das Himmelreich zu erlangen, und niemand konnte dieses völlig unbekannte Reich ersehnen.[74] Auch hätte kein Mensch dieses Reich erlangen können, denn die menschliche Natur war noch nicht so weit erhöht, daß sie an der göttlichen Natur Anteil hätte haben können. Christus hat daher in vieler verschiedener Hinsicht den Menschen das Himmelreich erschlossen. Doch ins Himmelreich kann nur jemand eingehen, der das Reich dieser Welt durch den Tod verlassen hat. Denn dazu muß der Sterbliche seine Sterblichkeit, also die Möglichkeit zu sterben, verlieren, und das geschieht nur durch den Tod.[75] Dann erst kann er die Unsterblichkeit wie ein neues Gewand anlegen. Wenn also der sterbliche Mensch Jesus Christus noch nicht tot

74 Jesus hat nicht nur dank seiner zwei Naturen (Mensch und Gott) die Hoffnung auf Auferstehung begründet, sondern auch durch seine Verkündigung vom Reich Gottes.

75 Anders noch – im Zeichen der Naherwartung – Paulus in 1 Kor 15, 51-53.

quos sanctos in sua secta fatentur felicitatem assecutos. Fides igitur omnium, quae sanctos esse fatetur in aeterna gloria, Christum mortuum et caelos ascendisse praesupponit.«

XV

[50] ALAMANUS: »Optime omnia ista; sed circa felicitatem video discrepantias non paucas. Nam Iudaeis ex lege non nisi temporalia promissa dicuntur, quae consistunt in bonis sensibilibus. Arabis autem ex sua lege, quae in Alchorano scribitur, non nisi carnalia sed perpetua leguntur promissa. Evangelium vero promittit angeliformitatem, scilicet quod homines erunt similes angelis, qui nihil carnalitatis habent.«

PETRUS: »Quid potest concipi in hoc mundo, cuius desiderium non vilescit, sed augetur continue?«

ALAMANUS: »Omnia temporalia vilescunt, solum intellectualia numquam; comedere, bibere, luxuriari et quicquid tale, si aliquando placent, aliquando displicent et instabiliter se habent. Scire autem et intelligere atque oculo mentis intueri veritatem semper placet. Et quanto plus senuerit homo,

wäre, hätte er die Sterblichkeit noch nicht abgelegt und wäre auch noch nicht in das Himmelreich gelangt, in dem kein Sterblicher sein kann. Wenn also er, der doch der Erstling und der Erstgeborene aller Menschen ist, das Himmelreich nicht aufgeschlossen hat, dann ist unsere Natur, auch wenn sie mit Gott eins geworden wäre, noch nicht in das Reich eingelassen worden. Dann könnte kein Mensch im Himmelreich sein, weil die menschliche Natur trotz ihrer Verbindung mit Gott noch nicht in das Himmelreich hineingeführt worden wäre. Das Gegenteil wird aber von all denen versichert, die überhaupt an ein Himmelreich glauben. Denn alle haben in ihrer Religionsgemeinschaft Heilige, von denen sie bekennen, daß sie schon die Glückseligkeit erlangt hätten. Der Glaube derjenigen, die bekennen, daß es Heilige in ewiger Herrlichkeit gibt, setzt also voraus, daß Christus gestorben und in den Himmel hinaufgestiegen ist.«

XV

[50] DER DEUTSCHE: »All das ist wunderbar. Aber in bezug auf die Glückseligkeit sehe ich doch große Meinungsverschiedenheiten. Denn den Juden verheißt ihr Gesetz nur Sinnliches, das vergänglich ist.[76] Im Koran, dem Gesetz der Moslems, liest man, daß ihnen nur leibliche – allerdings unvergängliche – Freuden versprochen werden. Das Evangelium dagegen verspricht, daß wir wie Engel sein werden[77], die nichts mit Sinnlichkeit oder leiblichen Genüssen zu tun haben.«

PETRUS: »Kann man sich in dieser Welt irgend etwas vorstellen, bei dem die Sehnsucht danach nicht abnimmt, sondern immer größer wird?«

DER DEUTSCHE: »Alles Vergängliche schwindet dahin, nur

76 Gemeint ist der sog. *Chiliasmus crassus* der Apokalypsen.
77 Vgl. Mk 12,25 parr.

tanto plus placent ista, et quanto plus acquisiverit de istis, tanto plus augetur appetitus habendi.«

[51] PETRUS: »Si igitur desiderium debet esse perpetuum et cibatio perpetua, non erit nec temporalis nec sensibilis, sed intellectualis vitae cibatio. Unde etsi in lege Alchoran reperiatur promissio paradisi, ubi sunt flumina vini et mellis et virginum multitudo, tamen multi illa in hoc mundo abhominantur; quomodo erunt illi felices, si assequentur ibi quae hic nollent habere? Dicit in Alchorano virgines pulcherrimas nigras reperiri, cum oculis habentibus albuginem albissimum et magnum; nullus Alamanus in hoc mundo, etiam vitiis carnis datus, tales appeteret. Unde oportet quod similitudinaliter ista intelligantur. Nam alibi prohibet concubitus fieri in ecclesiis seu synagogis vel mesquitis, et alia omnia delectabilia carnis. Non est credendum, quod mesquitae sint paradiso sanctiores. Quomodo igitur prohibentur illa hic fieri in mesquitis, quae ibi promittuntur in paradiso? Alibi ait omnia illa ibi reperiri, quia oportet quod ibi fiat adimpletio omnium quae ibi desiderantur. In hoc satis ostendit quid velit dicere, quando ait talia ibi reperiri. Nam cum ista sic in hoc mundo desiderentur, praesupposito quod in alio mundo foret aequale desiderium, tunc ibi exquisite et habunde reperirentur. Aliter enim non potuit exprimere vitam illam esse complementum desideriorum nisi per hanc similitudinem. Neque voluit rudi populo alia occultiora exprimere, sed tantum ea quae secundum sensum videntur feliciora, ne populus, qui non gustat ea quae spiritus sunt, parvifaceret promissa.

das Geistige bleibt. Essen, Trinken, Luxus und dergleichen erfreuen uns eine Weile, doch nicht lange, dann werden sie langweilig. Wissen aber und Verstehen und die Erkenntnis der Wahrheit, das bleibt immer schön. Je älter ein Mensch wird, um so mehr gefallen ihm diese Dinge, und je mehr er davon erlangt, um so größer wird die Sehnsucht nach Mehr.

[51] PETRUS: Wenn also das Verlangen ewig sein soll und die Befriedigung genauso, dann ist es mit einer vergänglichen, nur die Sinne befriedigenden Nahrung nicht getan, sondern man braucht geistige Nahrung. So findet man beispielsweise im Koran die Verheißung, daß im Paradies Ströme von Wein und Honig fließen und lauter junge Frauen herumlaufen. Doch es gibt viele Menschen auf der Welt, denen daran gar nichts liegt. Wie sollen die glücklich werden, wenn sie dort etwas bekommen, was sie schon hier gar nicht wollen? Im Koran heißt es, daß die Mädchen im Paradies sehr schön und dunkelhäutig sind und große Kulleraugen mit leuchtend weißen Augäpfeln haben. Kein Deutscher würde das hier sehr verlockend finden, selbst wenn er noch so sehr den sexuellen Freuden verfallen ist. Also muß man dies alles gleichnishaft verstehen. An einer anderen Stelle heißt es nämlich im Koran, daß Beischlaf und andere Sinnenfreuden in Kirchen, Synagogen oder Moscheen verboten sind. Da nicht anzunehmen ist, daß eine Moschee heiliger ist als das Paradies, fragt man sich, warum in Moscheen verboten sein soll, was für das Paradies verheißen wird? An wieder einer anderen Stelle sagt der Koran, man werde dort all das finden, was man hier ersehnt, weil dort alle Wünsche erfüllt werden sollen. Damit wird ja ganz klar gesagt, was er meint: All das, was man in dieser Welt so ersehnt, wird man dort um so üppiger finden, sofern in der anderen Welt das Verlangen danach ebenso groß ist. Nur so konnte der Koran ausdrücken, daß jenes Leben die Erfüllung aller Sehnsüchte ist. Auch wollte der Koran den ungebildeten Leuten nicht irgendwelche geheimnisvollen Dinge andeuten, sondern ihnen nur das nen-

[52] Unde tota cura illius maxime videtur fuisse, qui legem illam scripsit, avertere populum ab ydolatria; et ad illum finem promissiones tales fecit et cuncta posuit. Sed non dampnavit Evangelium, ymmo laudavit, in hoc dans intelligere felicitatem, quae in Evangelio promittitur, non esse minorem illa corporali. Et hoc intelligentes et sapientes inter eos sciunt verum. Et Avicenna praefert felicitatem intellectualem visionis seu fruitionis Dei et veritatis incomparabiliter felicitati descriptae in lege Arabum, qui tamen fuit de lege illa; sic et ceteri sapientes. Non erit igitur in hoc difficultas concordandi omnes sectas. Dicetur enim felicitatem illam esse supra omne id quod scribi aut dici potest, quia completio omnis desiderii et adeptio boni in fonte suo et vitae in immortalitate.«

[53] ALAMANUS: »Quid tunc de Iudaeis, qui regni caelorum promissum non capiunt, sed tantum rerum temporalium?«

PETRUS: »Iudaei pro observantia legis et eius sanctimonia morti saepe se tradunt. Unde nisi crederent se felicitatem post mortem ex eo assecuturos, quia zelum legis praeferunt vitae, non morerentur. Non est igitur fides Iudaeorum non esse vitam aeternam, ac quod illam assequi non possint; alias nemo omnium moreretur pro lege. Sed felicitatem quam expectant non expectant ex operibus legis – quia illae leges illam non promittunt –, sed ex fide quae Christum praesupponit, ut supra dictum reperitur.«

nen, was für die Sinnlichkeit mehr Glück verheißt, damit diejenigen, die geistige Werte nicht zu schätzen wissen, die Verheißungen nicht in den Wind schlagen.

[52] Das Hauptanliegen dessen, der dieses Gesetz, den Koran, aufgeschrieben hat, scheint gewesen zu sein, das Volk vom Götzendienst abzubringen. Diesem Ziel dienen Form und Inhalt der Verheißungen. Doch der Verfasser des Korans verurteilt das Evangelium nicht, im Gegenteil, er lobt es und gibt so zu verstehen, daß die Glückseligkeit, die im Evangelium verheißen wird, nicht weniger wert sei als die körperliche. Und die Verständigen und Weisen unter den Moslems wissen das. Avicenna, zum Beispiel, schätzt die geistige Glückseligkeit des Genießens und der Schau Gottes und der Wahrheit unvergleichlich höher ein als die im Gesetz der Araber beschriebene Glückseligkeit. Und so halten es auch die anderen Weisen.

Es wird also nicht schwierig sein, in diesem Punkt alle Glaubensrichtungen zur Übereinstimmung zu bringen. Man muß nur betonen, daß jene Glückseligkeit, die wir meinen, über alles geht, was man schreiben oder sagen kann, weil sie die Erfüllung alles Verlangens ist und bedeutet, daß man das Gute in seiner Quelle und das Leben in Unsterblichkeit erlangt.«

[53] DER DEUTSCHE: »Und was ist mit den Juden, die doch nicht das verheißene Himmelreich erwarten, sondern nur vergängliche Dinge?«

PETRUS: »Juden nehmen oft den Tod auf sich, um dem Gesetz zu folgen und es heilig zu halten. Das würden sie ja nicht tun, wenn sie nicht glaubten, daß sie nach dem Tod die Glückseligkeit erlangen werden[78], denn sie schätzen doch das Eintreten für das Gesetz höher als das Leben. Die Juden glauben daher sehr wohl, daß es ein ewiges Leben gibt und daß man dorthin gelangen kann. Sonst würde keiner von ihnen für

78 Auch bei den Juden wird daher nach den impliziten Voraussetzungen gefragt.

XVI

[54] TARTARUS: »Audivi multa in hoc loco prius incognita mihi. Tartari multi et simplices, unum Deum ut plurimum colentes, admirantur varietatem rituum aliorum etiam eundem cum ipsis Deum colentium. Nam aliquos ex Christianis, omnes Arabes et Iudaeos circumcisos, alios signatos in facie adustionibus, alios baptizatos derident. Deinde circa matrimonium tanta est diversitas, quia alius habet tantum unam, alius unam veram sibi matrimonio unitam sed plures concubinas, alius etiam plures legitimas. Atque circa sacrificia ritus adeo diversus, quod recitari nequit. Inter quas varietates Christianorum sacrificium, ubi offerunt panem et vinum et dicunt esse corpus et sanguinem Christi, quod sacrificium ipsi post oblationem comedunt et bibunt, videtur abhominabilius: devorant eum quem colunt. Quomodo in hiis quae etiam variantur ex loco et tempore posset fieri unio, non capio; et nisi fiat, non cessabit persecutio. Diversitas enim parit divisionem et inimicitias, odia et bella.«

das Gesetz sterben.[79] Aber sie erwarten die Glückseligkeit nicht als Belohnung für die Erfüllung des Gesetzes – denn das Gesetz verheißt diese ja gar nicht –, sondern aufgrund des Glaubens, der Christus voraussetzt, wie oben schon gesagt wurde.«

XVI

[54] DER TARTAR[80]: »Ich habe hier viel Neues gelernt. Wir Tartaren, und es gibt viele von uns, sind einfache Leute und verehren vor allem den einen Gott. Die Tartaren wundern sich darüber, wie verschieden die religiösen Bräuche der anderen sind, die doch denselben Gott anbeten wie sie. Sie finden es komisch, daß manche Christen, alle Araber und alle Juden beschnitten sind, daß manche Brandmale auf der Stirn tragen und wieder andere getauft sind. Auch bei der Ehe gibt es ganz unterschiedliche Bräuche: Bei den einen hat ein Mann nur eine Frau, bei den anderen hat er eine Frau, mit der er wirklich verheiratet ist, und daneben eine größere Zahl Konkubinen, und bei wieder anderen hat er viele legitime Frauen. Opferriten gibt es ebenfalls so viele verschiedene, daß man sie gar nicht alle aufzählen kann. Dazu gehört auch der Brauch der Christen, Brot und Wein zu opfern mit den Worten, es sei Leib und Blut Jesu Christi, wobei sie nach der Darbringung das Opfer dann auch noch selbst zu sich nehmen. Das kommt uns besonders scheußlich vor: Sie verspeisen den,

79 Der Ausdruck »für das Gesetz sterben« ist wichtig in der jüdischen Märtyrertheologie der Makkabäerbücher (vgl. 2 Makk 6,28; 7,9; 8,21 usw.). Diese waren in der mittelalterlichen Märtyrertheologie sehr präsent.

80 Mit dem Tartaren fügt der Cusaner eine Figur ein, die alle übrigen Religionen einschließlich des Christentums radikal von außen her betrachtet. Auf diese Weise bringt er die Leser dazu, sich etwas zu wundern (über sich selbst). – Nach A. Schall (1971, 91) handelt es sich dabei um Mongolen, deren Frauen unter den Nachfolgern Tschingis-Khans nestorianische Christinnen waren. Später wurden die Mongolen Moslems.

[55] Tunc Paulus, doctor gentium, ex commissione Verbi exorsus est dicens.

PAULUS: »Oportet ut ostendatur non ex operibus sed ex fide salvationem animae praestari. Nam Abraham, pater fidei omnium credentium, sive Christianorum sive Arabum sive Iudaeorum, credidit Deo et reputatum est ei ad iustitiam: anima iusti haereditabit vitam aeternam. Quo admisso non turbabunt varietates illae rituum. Nam ut signa sensibilia veritatis fidei sunt instituta et recepta. Signa autem mutationem capiunt, non signatum.«

TARTARUS: »Declara quomodo fides salvat.«

PAULUS: »Si Deus promitteret aliqua ex mera sua liberalitate et gratia, nonne ei qui potens est dare omnia et verax est credendum est?«

TARTARUS: »Certe sic. Nemo decipi potest ei credens; et qui sibi non credit, indignum foret quod quidquam gratiae assequeretur.«

PAULUS: »Quid igitur iustificat eum qui iustitiam assequitur?«

TARTARUS: »Non merita; alias non foret gratia, sed debitum.«

PAULUS: »Optime ais. Sed quia non iustificatur ex operibus in conspectu Dei omnis vivens, sed ex gratia, dat cui vult id quod vult Omnipotens. Tunc si quis dignus esse debet ut assequatur repromissionem quae ex pura gratia facta est, necesse est ut credat Deo. In hoc igitur iustificatur, quia ex hoc solo assequetur repromissionem, quia credit Deo et expectat ut fiat verbum Dei.«

den sie anbeten. Wie man diese so verschiedenen Riten[81], zu denen es jeweils noch regionale oder historische Varianten gibt, vereinheitlichen soll, kann ich mir überhaupt nicht vorstellen. Aber wenn es keine Einigung gibt, dann wird die Verfolgung andauern. Denn die Unterschiede führen zu Spaltung und Feindschaft, Haß und Krieg.«

[55] Da forderte das Wort Gottes PAULUS, den Lehrer der Völker, auf, zur Klärung beizutragen.

PAULUS: »Es ist ganz wichtig, sich klarzumachen, daß der Mensch nicht aufgrund seiner Taten, sondern aufgrund seines Glaubens gerettet wird.[82] Denn Abraham, der Vater des Glaubens für alle Glaubenden, für Christen, Moslems und Juden, glaubte an Gott, und das wurde ihm als Gerechtheit angerechnet. Der Gerechte aber wird das ewige Leben erben. Wenn man das akzeptiert, können die Unterschiede in den Riten die Einigung nicht wirklich verhindern. Denn diese sind als sichtbare Zeichen für die Wahrheit des Glaubens eingesetzt und angenommen worden. Die Zeichen sind wandelbar, aber nicht das Bezeichnete.«

DER TARTAR: »Kannst du bitte erklären, wie der Glaube das Heil bringt?«

---

81 Man beachte: Der Cusaner geht von der Einheit der Religion aus, nur in den Riten besteht Verschiedenheit. Das ökumenische Modell der Ritendifferenz zwischen Ost- und Westkirche wird hier auf die Religionen übertragen.

82 Vgl. dazu R. Weier (1971), siehe Literaturangaben am Schluß der Einleitung. Kurt Flasch (1998) stellt fest, der Cusaner habe gerade diejenigen Elemente der Rechtfertigungslehre betont, die bei Luther und Kierkegaard fehlen und umgekehrt. Er meint damit wohl Vertrauen und Gehorsam. Der Cusaner betont statt dessen das intellektuelle Element. Aber im Blick auf die Schrift des Cusaners »De annuntiatione gloriosissimae virginis Mariae devotus dialogus« verschwinden die Differenzen jedenfalls gegenüber Luther. Mit Recht kann R. Weier (1971) beim Cusaner in diesem »Dialog« eine katholische Fassung des »simul iustus ...« erkennen: »Wenn du deine Sünden als schmutzig und unrein empfindest, so ist es ein Zeichen, daß du würdig bist, daß ich dich besuche. Denn wem seine Sünden ekelhafter Schmutz sind, der ist gesund.«

[56] TARTARUS: »Postquam Deus promisit, iustum est quod promissa serventur. Iustificatur igitur Deo credens potius per repromissionem quam fidem.«

PAULUS: »Deus, qui promisit Abrahae semen in quo omnes benedicerentur, iustificavit Abraham, ut assequeretur promissionem. Sed si Abraham non credidisset Deo, neque iustificationem fuisset assecutus neque repromissionem.«

TARTARUS: »Ita est.«

PAULUS: »Fides igitur in Abraham tantum fecit, quod adimpletio repromissionis iusta fuit, quae alias nec iusta fuisset nec adimpleta.«

PAULUS: »Wenn Gott aus reiner Großzügigkeit und Gnade etwas verspricht, muß man ihm da nicht vertrauen, da er doch alles geben kann und wahrhaftig ist?«

DER TARTAR: »Gewiß. Wer an ihn glaubt, kann nicht enttäuscht werden. Und wer ihm nicht vertraut, der hätte nicht verdient, Gnade zu erlangen.«

PAULUS: »Was also rechtfertigt den, der Gerechtheit erlangt?«

DER TARTAR: »Auf jeden Fall nicht seine Verdienste. Sonst wäre es nicht mehr Gnade, sondern Belohnung.«

PAULUS: »Sehr gut! Weil kein Mensch aufgrund von guten Werken gerecht wird vor Gott, sondern vielmehr aus Gnade, gibt der Allmächtige wem und was er will. Um würdig zu sein, die Verheißung zu erlangen, die aus reiner Gnade gegeben wird, muß ein Mensch an Gott glauben. Dadurch wird er gerecht gesprochen und akzeptiert, denn er wird allein darum die Verheißung erlangen, weil er Gott vertraut und erwartet, daß Gottes Wort geschieht.«

[56] DER TARTAR: »Nachdem Gott die Verheißung gegeben hat, ist es recht, daß er sein Versprechen hält. Wer an Gott glaubt, wird also mehr durch die Verheißung[83] gerechtfertigt und akzeptiert als durch den Glauben.«

PAULUS: »Gott verhieß Abraham einen Nachkommen, in dem alle gesegnet sein würden, weil er ihn als so gerecht[84] ansah, daß er die Verheißung erlangen konnte. Doch wenn Abraham Gott nicht vertraut hätte, dann wäre er weder als gerecht akzeptiert worden, noch hätte sich für ihn die Verheißung erfüllt.«

DER TARTAR: »Ja, genau.«

---

83 Die Rolle der Verheißung in der Rechtfertigungslehre des Cusaners ist bisher noch nicht untersucht worden. Die Verheißung Gottes ist jedenfalls ein Akzeptieren seitens Gottes, das lange vor dem Ja des Glaubens liegt. Insofern liegt hier ein »prädestinatianisches Element« vor.

84 Auch hier meint der Cusaner die Erwählung Gottes vor dem glaubenden Ja des Abraham.

[57] Tartarus: »Quid igitur repromisit Deus?«

Paulus: »Deus promisit Abrahae quod daret sibi semen unum in Ysaac, in quo semine benedicerentur omnes gentes. Et haec promissio facta est, quando secundum cursum communem naturae impossibile fuit Saram uxorem ex eo concipere et parere; sed quia credidit, assecutus est Ysaac filium. Temptavit deinde Deus Abraham, ut offerret et interimeret puerum Ysaac, in quo facta est repromissio seminis. Et Abraham oboedivit Deo, nec tamen minus credidit repromissionem futuram etiam ex mortuo filio post resuscitando. Ex quo Deus tantam fidem repperit in Abraham, tunc iustificatus est Abraham et adimpleta promissio in uno semine, quod ab eo per Ysaac descendit.«

Tartarus: »Quod est illud semen?«

Paulus: »Christus. Omnes enim gentes in ipso assequuntur divinam benedictionem.«

Tartarus: »Quae est illa benedictio?«

Paulus: »Divina benedictio est ultimum desideriorum seu felicitas quae dicitur aeterna vita, de qua satis supra audisti.«

Tartarus: »Vis igitur Deum in Christo nobis benedictionem repromisisse felicitatis aeternae?«

Paulus: »Sic volo. Quapropter oportet credere Deo prout Abraham credidit, ut sic credens iustificetur cum fideli Abraham ad assequendum repromissionem in uno semine Abrahae, Christo Iesu; quae repromissio est divina benedictio, omne bonum in se complicans.«

PAULUS: »Der Glaube in Abraham hat nur bewirkt, daß die Erfüllung der Verheißung gerecht war. Ohne Abrahams Glauben wäre sie weder gerecht gewesen noch erfüllt worden.«

[57] DER TARTAR: »Was genau hatte Gott verheißen?«

PAULUS: »Gott hatte Abraham verheißen, ihm in Isaak einen Nachkommen zu geben, in welchem alle Völker gesegnet sein sollten, und zwar zu einem Zeitpunkt, als Sarah, seine Frau, nach dem üblichen Lauf der Natur schon nicht mehr ein Kind von ihm empfangen und gebären konnte. Doch weil er glaubte, hat er doch einen Sohn, nämlich Isaak, bekommen. Daraufhin stellte Gott Abraham auf die Probe, indem er ihn aufforderte, seinen Sohn Isaak, auf dem die Verheißung für die gesamte Nachkommenschaft lag, zu opfern und zu töten. Abraham gehorchte Gott, weil er trotzdem fest daran glaubte, daß sich die Verheißung dann eben an seinem toten Sohn erfüllen würde, wenn dieser nach seinem Tod auferweckt würde. Daraus erkannte Gott, daß Abrahams Glaube groß war, und akzeptierte ihn als gerecht, und die Verheißung erfüllte sich in dem einen Nachkommen, der über Isaak von Abraham abstammte.«

DER TARTAR: »Und wer war das?«

PAULUS: »Christus. Denn durch ihn erhalten alle Völker Gottes Segen.«[85]

DER TARTAR: »Worin besteht dieser Segen?«

PAULUS: »Gottes Segen ist das Äußerste, was man ersehnt, oder die Glückseligkeit, die man ewiges Leben nennt[86] und über die du vorhin schon genug gehört hast.«

DER TARTAR: »Du meinst also, daß Gott uns in Christus eine Segensverheißung ewiger Glückseligkeit gegeben hat?«

PAULUS: »Das meine ich. Daher soll man Gott vertrauen, wie Abraham es tat, damit man so zusammen mit Abraham im Glauben von Gott als gerecht akzeptiert wird. Dann

85 Dies ist speziell die Auslegung von Gen 12,3 in Gal 3,8-14. Das Kreuz Jesu läßt der Cusaner hier – wie auch sonst oft in diesem Dialog – aus.

86 In Gal 3,14 ist der verheißene Segen dagegen der Heilige Geist.

[58] TARTARUS: »Vis igitur quod sola fides illa iustificet ad perceptionem aeternae vitae?«

PAULUS: »Volo.«

TARTARUS: »Quomodo dabis simplicibus Tartaris intellectum huius, ut capiant Christum esse in quo assequi poterunt felicitatem?«

PAULUS: »Audisti non tantum Christianos sed Arabes fateri Christum esse altissimum omnium qui fuerunt aut erunt in hoc saeculo vel futuro, et faciem omnium gentium. Si igitur in uno semine est omnium gentium benedictio, non potest esse nisi Christus.«

TARTARUS: »Quale signum adducis?«

PAULUS: »Adduco testimonium tam Arabum quam Christianorum, quod spiritus vivificans mortuos est spiritus Christi. Si igitur est spiritus vitae in Christo, qui potens est quos vult vivificare, tunc ille est spiritus, sine quo non potest quisquam mortuus resuscitari aut quicumque spiritus aeternaliter vivere. Inhabitat enim spiritum Christi plenitudo divinitatis et gratiae, de qua plenitudine omnes salvandi recipiunt salvationis gratiam.«

TARTARUS: »Placet ista a te, doctore gentium, audisse, quia cum hiis quae supra audivi satisfaciunt proposito. Et video fidem istam necessariam ad salutem, sine qua nemo salvabitur. Sed quaero, si fides sufficit.«

PAULUS: »Sine fide impossibile est quem placere Deo. Oportet autem quod fides sit formata; nam sine operibus est mortua.«

wird einem die Verheißung zuteil, die auf dem einen Nachkommen Abrahams, Jesus Christus, liegt. Diese Verheißung
ist Gottes Segen und enthält in sich, wie zusammengefaltet,
alles Gute.«

[58] DER TARTAR: »Du meinst, dieser Glaube allein macht
uns fähig, das ewige Leben zu erlangen?«

PAULUS: »Genau.«

DER TARTAR: »Aber wie willst du einfachen Tartaren be-
greiflich machen, daß sie nur in Christus die Glückseligkeit erlangen können?«

PAULUS: »Du hast gehört, daß nicht nur die Christen, sondern auch die Moslems Christus als den Allerhöchsten bekennen, den es in dieser oder in der zukünftigen Welt je gab oder
geben wird, und als das Antlitz aller Völker. Wenn also auf
einem Nachkommen der Segen für alle Völker liegen soll,
dann kann das nur Jesus Christus sein.«

DER TARTAR: »Woran erkennt man das?«

PAULUS: »Da kann ich auf das Zeugnis sowohl der Moslems
als auch der Christen verweisen, daß der Geist, der die Toten
lebendig macht, der Geist Christi ist. Wenn also in Christus
der Geist des Lebens ist, der lebendig machen kann, wen er
will, dann ist das auch der Geist, durch den ein Toter auferweckt werden oder ein beliebiger Mensch ewig leben kann.
Denn im Geist Jesu Christi wohnt die Fülle Gottes und der
Gnade, aus der alle, die gerettet werden sollen, die Gnade
der Rettung empfangen.«

DER TARTAR: »Ich bin froh, dies von dir, dem Lehrer der
Völker, zu hören. Denn zusammen mit dem, was ich vorhin
gehört habe, reicht es für unser Vorhaben. Und ich begreife
auch, daß ohne diesen heilsnotwendigen Glauben niemand
zum Heil kommen kann. Aber ich frage mich, ob der Glaube
genügt.«

PAULUS: »Ohne Glauben kann niemand Gott gefallen. Allerdings muß der Glaube umgesetzt werden. Denn ohne
Werke ist er tot.«

[59] Tartarus: »Quae sunt opera?«

Paulus: »Si credis Deo, mandata servas. Nam quomodo credis Deum esse Deum, si non curas adimplere ea quae praecipit?«

Tartarus: »Dignum est ut mandata Dei serventur. Sed Iudaei se dicunt habere eius mandata per Moysen, Arabes per Mahmet, Christiani per Iesum, et forte aliae nationes suos venerantur prophetas, per quorum manus divina se asserunt recepisse praecepta. Quomodo igitur deveniemus in concordiam?«

Paulus: »Divina mandata brevissima et omnibus notissima sunt, et communia quibuscumque nationibus. Ymmo lumen nobis illa ostendens est concreatum rationali animae. Nam in nobis loquitur Deus, ut ipsum diligamus a quo recipimus esse, et quod non faciamus alteri nisi id quod vellemus nobis fieri. Dilectio igitur est complementum legis Dei, et omnes leges ad hanc reducuntur.«

[60] Tartarus: »Non ambigo quin tam fides quam lex dilectionis, de quibus dixisti, a Tartaris capientur. Sed de ritibus multum haesito; nam nescio quomodo circumcisionem, quam derident, acceptabunt.«

Paulus: »Non refert quoad veritatem salvationis accipere circumcisionem. Circumcisio enim non salvat, et sine ipsa est salvatio. Tamen qui circumcisionem non credit pro salute assequenda necessariam, sed eam fieri patitur in praeputio, ut sit Abrahae et sequacium eius etiam in hoc conformior, non dampnatur talis ob circumcisionem, si habet fidem de qua supra. Sic Christus circumcisus fuit, et multi ex Christianis post ipsum; uti adhuc Ethiopes Iacobini et alii, qui non circumciduntur quasi sit sacramentum necessitatis ad salutem. Sed quomodo possit servari pax inter fideles, si qui circumciduntur et alii non, est maior dubitatio. Unde cum maior pars

[59] DER TARTAR: »Was sind Werke?«

PAULUS: »Wer an Gott glaubt, hält auch die Gebote. Denn du kannst nicht glauben, daß Gott Gott ist, ohne dich zu bemühen, zu tun, was er vorschreibt.«

DER TARTAR: »Es ist schon nötig, Gottes Gebote einzuhalten. Doch die Juden haben, wie sie sagen, die Gebote durch Mose erhalten, die Moslems durch Mohammed, die Christen durch Jesus. Und vielleicht verehren andere Religionsgemeinschaften andere Propheten, weil sie glauben, aus deren Hand ihr Gesetz erhalten zu haben. Wie sollen wir da Einigkeit erzielen?«

PAULUS: »Gottes Gebote sind sehr kurz und allen sehr gut bekannt[87], sie sind Gemeingut aller nur denkbaren Religionsgemeinschaften. Das Licht, das uns diese Gebote erkennen läßt, ist zusammen mit der Vernunftseele erschaffen. Gottes Stimme sagt in uns, daß wir den lieben sollen, von dem wir unser Sein empfangen haben, und unserem Nächsten nicht etwas antun sollen, was wir selbst nicht erleiden möchten. Also ist die Liebe die Erfüllung von Gottes Gesetz, und alle anderen Gesetze lassen sich auf dieses zurückführen.«

[60] DER TARTAR: »Ich kann mir gut vorstellen, daß sowohl der Glaube als auch das Gesetz der Liebe, von dem du gesprochen hast, von den Tartaren akzeptiert werden. Aber bei den Riten bin ich mir nicht so sicher. Ich weiß nicht, wie sie die Beschneidung annehmen sollen, über die sie sich doch lustig machen.«

PAULUS: »Beschneidung oder Nichtbeschneidung besagt nichts für die Wahrheit der Errettung. Denn die Beschneidung bewirkt nicht das Heil, sondern das Heil gibt es auch ohne Beschneidung. Es gibt jedoch Leute, die zwar meinen, die Beschneidung sei nicht heilsnotwendig, sich aber dennoch die

87 Die Ähnlichkeit der ethischen Grundregeln wird hier deutlich vom Problem der Religionen getrennt. Ethik ist mit der Vernunft gegeben. Ähnlich kann der Cusaner auch Maria erklären lassen: »Ich bin die Mutter aller derer, die sich selbst erkennen«, vgl. R. Weier (1971, 120).

mundi sit sine circumcisione, attento quod circumcisio non
est necessitatis, quod tunc se minor pars conformem faciat
maiori parti, cui unitur in fide, ob pacem servandam opportu-
num iudico. Ymmo si propter pacem maior pars se minori
conformaret et reciperet circumcisionem, arbitrarer faciendum, ut sic ex mutuis communicationibus pax firmaretur.
Sic enim aliae nationes a Christianis fidem et Christiani ab ipsis ob pacern circumcisionem recipiendo, pax melius fieret et
solidaretur. Arbitror autem praxim huius difficilem. Sufficiat
igitur pacem in fide et lege dilectionis firmari, ritum hinc inde
tolerando.«

XVII

[61] ARMENUS: »Quomodo de baptismo faciendum putas,
cum censeatur sacramentum necessitatis apud Christianos?«

PAULUS: »Baptismus est sacramentum fidei. Qui enim credit in Christo Iesu posse assequi aliquam iustificationem,
ille credit per ipsum ablationem peccatorum. Hanc munda-
tionem in lotione baptismali signatam quisque ostendet fide-

Vorhaut beschneiden lassen, um auch in dieser Hinsicht Abraham und dem, der ihm nachfolgt, ähnlicher zu sein. Das ist sicher nicht zu verurteilen, sofern nur der Glaube vorhanden ist, von dem wir vorhin gesprochen haben. So war Christus beschnitten, ebenso viele Christen nach ihm, und noch heute sind die Äthiopier, die Jakobuschristen und andere beschnitten, bei ihnen wird die Beschneidung jedoch nicht als heilsnotwendiges Sakrament angesehen.«

Wie allerdings der Frieden zwischen den Gläubigen gewahrt werden soll, wenn die einen beschnitten sind und die anderen nicht, das ist noch nicht ganz klar. Da der größere Teil der Menschheit unbeschnitten ist, sollte man darauf bestehen, daß die Beschneidung nicht als notwendig vorgeschrieben wird. Dann fände ich es um des Friedens willen gut, wenn sich die Minderheit der Mehrheit anpassen würde, mit der sie doch im Glauben übereinstimmt. Aber ich würde es sogar gutheißen, wenn sich die Mehrheit um des Friedens willen der Minderheit anpaßte und sich beschneiden ließe, weil dann durch die Gemeinsamkeit Frieden einkehrt.[88] Dadurch, daß die einen von den Christen den Glauben, die Christen aber um des Friedens willen die Beschneidung übernehmen, kann der Friede besser und haltbarer sein. Doch ich denke, das dürfte nur schwer umzusetzen sein. Also muß wohl der Frieden im Glauben und im Gesetz der Liebe genügen, zu dem dann die Toleranz gegenüber den Bräuchen hinzukommt.«

XVII

[61] DER ARMENIER: »Und was sollen wir deiner Meinung nach mit der Taufe machen, die doch bei den Christen ein notwendiges Sakrament ist?«

88 Der Cusaner kann sich daher vorstellen, daß sich um des Friedens willen alle Christen beschneiden ließen.

lis. Nam non est aliud baptismus quam fidei illius confessio in signo sacramentali. Non esset fidelis, qui nollet fidem verbo et quibuscumque signis ad hoc a Christo institutis fateri. Sunt baptismales lotiones ob religionis devotionem tam apud Hebraeos quam Arabes, quibus non erit difficile lotionem a Christo institutam ob fidei professionem recipere.«

[62] ARMENUS: »Necesse videtur ut recipiatur sacramentum hoc, cum sit necessitatis salutis.«

PAULUS: »Fides est necessitatis in adultis, qui sine sacramento salvari possunt, quando assequi non poterunt. Ubi vero assequi possent, non possunt dici fideles, qui se tales esse per regenerationis sacramentum ostendere nolunt.«

ARMENUS: »Quid de parvulis?«

PAULUS: »Facilius acquiescent parvulos baptizari. Quando ob religionem passi sunt masculos die octava circumcidi, commutatio illa circumcisionis in baptismum grata erit, et dabitur optio an velint in baptismate contentari.«

PAULUS: »Die Taufe ist das Sakrament des Glaubens. Denn wer glaubt, daß in Jesus Christus eine Rechtfertigung erlangt werden kann, der glaubt auch, daß er durch Jesus von seinen Sünden befreit wird, und wird diese Befreiung zeichenhaft durch die Waschung im Taufwasser zum Ausdruck bringen. Denn die Taufe ist nichts anderes als das Bekenntnis des Glaubens durch ein sakramentales Zeichen. Wer seinen Glauben nicht mit dem Wort und den entsprechenden von Christus zu diesem Zweck eingesetzten Zeichen bekennen wollte, wäre nicht gläubig. Rituelle Waschungen, die der Taufe ähneln, gibt es aber auch bei den Juden und bei den Moslems. Daher dürfte es für sie nicht schwierig sein, die Waschung zu akzeptieren, die von Christus zum Bekenntnis des Glaubens eingesetzt ist.«[89]

[62] DER ARMENIER: »Dieses Sakrament muß aber doch wohl unbedingt übernommen werden, da es heilsnotwendig ist, oder?«

PAULUS: »Heils*notwendig* ist bei Erwachsenen der Glaube. Sie können, wenn es für sie nicht möglich war, das Sakrament der Taufe zu empfangen, auch ohne Taufe das Heil erlangen. Wenn sie sich jedoch hätten taufen lassen können, dann können sie Gläubige genannt werden, wenn sie durch das Sakrament der Wiedergeburt öffentlich bekunden, daß sie Gläubige sind.«

DER ARMENIER: »Wie ist es bei Kindern?«

PAULUS: »Der Taufe von Kindern wird man leicht zustimmen können. Diejenigen, die aus religiösen Gründen ertragen haben, daß Jungen am achten Tag beschnitten werden, dürften für die Umwandlung der Beschneidung in eine Taufe dankbar sein. Ihnen sollte man die Möglichkeit anbieten, sich für die Taufe zu entscheiden, wenn sie wollen.«

---

89 Durch Hinweis auf rituelle Waschungen baut er »Brücken« für die anderen Religionen. Innerhalb des Christentums leistet er so ein Stück vergleichender Religionsphänomenologie.

[63] BOHEMUS: »Possibile foret in hiis omnibus quae praemissa sunt concordiam reperiri, sed in sacrificiis dificillimum
erit. Scimus enim Christianos oblationem panis et vini pro sacramento eukaristiae non posse ad complacendum aliis di-
mittere, cum sit a Christo tale sacrificium institutum. Sed
quod ceterae nationes, quae usum non habent sic sacrifi-
candi, acceptent hunc modum, non est facile credendum; maxime cum dicant insaniam esse credere conversionem panis in
carnem Christi et vini in sanguinem, et post devorare sacramenta.«

PAULUS: »Hoc eukaristiae sacramentum non aliud figurat
quam nos ex gratia in Christo Iesu assecuturos refectionem
vitae aeternae, sicut in hoc mundo reficimur per panem et vinum. Quando igitur credimus Christum cibum mentis, tunc
ipsum sumimus sub speciebus corpus cibantibus. Et cum
oporteat nos in fide hac concordare, quod cibationem vitae
spiritus assequimur in Christo, cur non ostendemus nos hoc
credere in eukaristiae sacramento? Sperandum est omnes homines fideles omnino velle degustare cibum illum per fidem in
hoc mundo, qui erit in veritate cibus vitae nostrae in alio
mundo.«

[64] BOHEMUS: »Quomodo persuadebitur omnibus genti-
bus substantiam panis in corpus Christi conversam in hoc eukaristiae sacramento?«

PAULUS: »Qui fidelis est, scit quod Verbum Dei in Christo
Iesu nos de miseria huius mundi transferet usque ad filiatio-
nem Dei et possessionem vitae aeternae, quia Deo nihil est impossibile. Si igitur hoc credimus et speramus, tunc Verbum

XVIII

[63] DER BÖHME: »Bei all den Dingen, die wir bisher behandelt haben, könnte leicht eine Einigung herbeigeführt werden, doch bei der Frage der Opfer dürfte es sehr schwierig sein. Wir wissen ja, daß die Christen die Darbringung von Brot und Wein im Sakrament der Eucharistie nicht anderen zuliebe aufgeben können, da dieses Sakrament von Christus eingesetzt wurde. Auf der anderen Seite kann man kaum damit rechnen, daß die übrigen Religionsgemeinschaften diesen für sie neuen Opferbrauch übernehmen werden, und zwar besonders deshalb, weil sie darin einen Widersinn sehen: wenn man schon an eine Umwandlung von Brot und Wein in Leib und Blut Christi glaubt, dieses dann herunterzuschlucken.«

PAULUS: »Das Sakrament der Eucharistie bedeutet nichts anderes, als daß wir aus der Gnade, die wir in Jesus Christus geschenkt bekommen, die Stärkung zum ewigen Leben[90] erhalten werden, so wie wir in dieser Welt durch Brot und Wein gestärkt werden. Wenn wir glauben, daß Christus die Nahrung für die Seele ist, dann nehmen wir ihn selbst in einer Form, die Nahrung für den Körper ist, in uns auf. Und da der gemeinsame Glaube daran, daß durch Christus unser geistiges Leben gestärkt wird, eine wichtige Voraussetzung ist – warum sollen wir ihn nicht im Sakrament der Eucharistie öffentlich bekunden? Es ist zu hoffen, daß alle gläubigen Menschen in dieser Welt diese Glaubensnahrung zu sich nehmen wollen, die in Wahrheit unsere Lebensnahrung in der anderen Welt sein wird.«

[64] DER BÖHME: »Wie werden alle Völker davon überzeugt werden können, daß in diesem Sakrament der Eucharistie das Brot in Christi Leib verwandelt ist?«

PAULUS: »Ein Gläubiger weiß, daß das Wort Gottes, das in

---

90 Der Cusaner deutet auch die Eucharistie auf den Generalzweck »ewiges Leben« hin. Von der ekklesiologischen Dimension der Eucharistie redet er nicht.

Dei secundum ordinationem Christi non haesitamus posse panem in carnem mutare. Si natura hoc facit in animalibus, quomodo Verbum hoc non faceret, per quod Deus fecit et saecula? Exigit igitur fidei necessitas hoc credere. Nam si hoc est possibile, quod nos filii Adae, qui de terra sumus, transferamur in Christo Iesu Verbo Dei in filios Dei immortalis, et hoc credimus et futurum speramus, et quod tunc erimus sicut Iesus Verbum Dei patris: credere nos similiter oportet transsubstantiationem panis in carnem et vini in sanguinem per idem Verbum, per quod panis panis est, et vinum vinum, et caro caro, et sanguis sanguis, et per quod natura cibum convertit in cibatum.«

[65] BOHEMUS: »Haec conversio substantiae panis difficulter attingitur.«

PAULUS: »Fide facillime. Nam sola mente hoc est attingibile, quae sola substantiam intuetur quia est, non quid est; substantia enim antecedit omne accidens. Et ideo, cum substantia nec sit qualis nec quanta, et ipsa sola convertitur, ut non sit amplius substantia panis sed substantia carnis, non est nisi spiritualis ista conversio, quia remotissima ab omni eo quod sensu est attingibile. Non igitur augetur quantitas carnis ex hac conversione, neque multiplicatur numero. Ob hoc non est nisi una substantia carnis, in quam substantia panis est conversa, licet panis sit in diversis locis oblatus et plures sint panes qui in sacrificio ponuntur.«

BOHEMUS: »Capio doctrinam tuam mihi gratissimam, quo-

Jesus Christus erschienen ist, uns aus dem Elend dieser Welt dorthin tragen wird, wo wir Kinder Gottes sind und das ewige Leben haben, weil für Gott nichts unmöglich ist. Wenn wir das glauben und hoffen, dann zweifeln wir auch nicht daran, daß das Wort Gottes nach der Einsetzung durch Christus das Brot in Christi Leib verwandeln kann. Wenn die Natur in den Lebewesen Nahrung in Fleisch und Blut verwandeln kann, warum soll das Wort, durch das Gott die Welt erschaffen hat, das nicht können? Wenn man dies nicht glaubt, hat man keinen Glauben. Denn wenn es möglich ist, daß wir, Kinder Adams, aus Erde gemacht, durch Gottes Wort in Christus zu Kindern des unsterblichen Gottes werden – und das glauben und hoffen wir ja für die Zukunft – und dadurch dann auch wie Jesus Wort Gottes sein werden, dann müssen wir genauso an die Transsubstantiation glauben können, also daran, daß durch dasselbe Schöpfungswort, durch das Brot, Wein, Fleisch und Blut geschaffen wurden und durch das die Natur Nahrung in Fleisch und Blut verwandelt, das Brot in den Leib und der Wein in das Blut verwandelt werden; es ist dasselbe Wort, durch das die Natur die Speise in Fleisch und Blut des durch sie Gespeisten umwandelt.«

[65] DER BÖHME: »Diese Veränderung der Substanz des Brotes ist schwer zu verstehen.«

PAULUS: »Durch den Glauben ganz leicht, aber auch mit dem Verstand kommt man der Sache schon näher, denn wenn man sein Augenmerk allein auf die Substanz[91] richtet, sieht man, daß sie da ist, aber nicht, was es ist, weil die Substanz jedem Akzidenz vorausgeht und weder Qualität noch

---

91 Hier argumentiert der Cusaner mit der thomistischen Lehre von der Transsubstantiation: Thomas v. Aquin hatte für die Entwicklung dieser Lehre speziell eine besondere Art von Akzidentien eingeführt. Demnach wird in der Konsekration nur die Substanz gewandelt, die Akzidentien (Brot und Wein) bleiben. Es wäre gewiß leichter für den Cusaner gewesen, hier mit der biblischen Eucharistielehre zu argumentieren (etwa im Sinne von Joh 6: Christus, die Weisheit, auf die höchst mögliche intensive Weise in sich aufzunehmen).

modo sacramentum istud est sacramentum cibationis vitae aeternae, per quam cibationem assequimur haereditatem filiorum Dei in Iesu Christo filio Dei, et quomodo est similitudo huius in sacramento isto eukaristiae, atque quod mente sola attingitur et fide degustatur et capitur. Quid si haec archana non capiantur? Nam rudes abhorrebunt fortassis non solum hoc credere, sed sumere tanta sacramenta.«

[66] PAULUS: »Hoc sacramentum, prout est in sensibilibus signis – habita fide –, non est sic necessitatis, quod sine eo non sit salus; nam sufficit ad salutem credere, et sic manducare cibum vitae. Et ideo circa eius distributionem, an et quibus et quotiens dari debeat populo, non est lex necessitatis posita. Quare si quis fidem habens se indignum iudicat accedere ad mensam summi Regis, haec humilitas laudanda potius existit. Ideo circa usum et ritum eius, id quod rectoribus Ecclesiae pro tempore magis expedire videbitur in qualibet religione – salva semper fide –, poterit ordinari, sic quod ob diversitatem rituum per communem legem non minus pax fidei inviolata perseveret.«

Quantität besitzt. Bei der Wandlung wird aber nun allein die Substanz verwandelt, so daß nicht länger die Substanz Brot existiert, sondern statt dessen die Substanz Leib. Diese Verwandlung ist rein geistig, ganz weit entfernt von allem, was sinnlich wahrnehmbar ist. Dabei wird die Substanz des Leibes nicht größer in bezug auf Menge oder Anzahl, so daß aus der Substanz des Brotes nur eine einzige Substanz des Leibes wird, obwohl doch an unterschiedlichen Orten unterschiedliche Mengen von Brot dargebracht werden.«

DER BÖHME: »Ich begreife jetzt deine Lehre. Ich finde es sehr schön, daß wir durch diese Speisung mit ewigem Leben in Jesus Christus, dem Sohn Gottes, Kinder und Erben Gottes werden und daß wir im Sakrament der Eucharistie ein Abbild dieser himmlischen Speisung besitzen. Mit dem Verstand kann man es verstehen, und mit dem Glaube kann man es schmecken und begreifen. Aber was ist, wenn die Leute diese Geheimnisse nicht begreifen? Die Ungebildeten werden vielleicht nicht nur davor zurückschrecken, an die Bedeutung dieses Sakraments zu glauben, sondern auch davor, es überhaupt zu empfangen.«

[66] PAULUS: »Dieses Sakrament als sichtbares ist – sofern der Glaube vorhanden ist, nicht heilsnotwendig. Denn um das Heil zu erlangen, genügt es, zu glauben und so die Speise des Lebens zu essen. Daher gibt es kein verbindliches Gesetz darüber, ob und, wenn ja, wie und wie oft diese Speise ausgeteilt werden soll. Wenn ein Gläubiger meint, daß er nicht würdig sei, an den Tisch des höchsten Königs zu treten, dann ist diese Demut eher lobenswert. Über die Abhaltung und die Form dieses Mahls sollten deshalb die örtlichen Kirchenoberen entscheiden, wie es für jede Religionsgemeinschaft jeweils am besten erscheint. Die Hauptsache ist, daß der Glaube bewahrt bleibt, und daher soll durch ein allgemeines Gesetz dafür gesorgt werden, daß durch die Verschiedenheit der Bräuche die friedliche Übereinstimmung im Glauben nicht gefährdet wird.«

XIX

[67] ANGLICUS: »Quid de aliis sacramentis fiet, de matrimonio scilicet, ordinibus, confirmationis et extremae unctio-
nis?«

PAULUS: »Oportet infirmitati hominum plerumque conde-
scendere, nisi vergat contra aeternam salutem. Nam exactam
quaerere conformitatem in omnibus est potius pacem turbare. Sperandum tamen est, quod in matrimonio et in ordinibus concordia reperiatur. Apud omnes enim nationes matrimonium de lege naturae quodammodo videtur introductum
ut unus unam habeat veram coniugem. Sic et sacerdotium similiter apud omnem religionem reperitur. Erit igitur in hiis
communibus concordia facilior, et christiana religio in utroque sacramento puritatem laudabiliorem etiam omnium aliorum iudicio probabitur observare.«

ANGLICUS: »Quid de ieiuniis, officiis ecclesiasticis, absti-
nentiis ciborum et potuum, orationum formis et ceteris tali-
bus?«

PAULUS: »Ubi non potest conformitas in modo reperiri, per-
mittantur nationes – salva fide et pace – in suis devotionibus
et cerimonialibus. Augebitur etiam fortassis devotio ex quadam diversitate, quando quaelibet natio conabitur ritum
suum studio et diligentia splendidiorem efficere, ut aliam in
hoc vincat et sic meritum maius assequatur apud Deum et lau-
dem in mundo.«

*

*   *

[67] DER ENGLÄNDER: »Was soll mit den übrigen Sakramenten geschehen, mit der Ehe, den Weihen, der Firmung und der Krankensalbung?«

PAULUS: »Man sollte der Schwachheit der Menschen soweit wie möglich entgegenkommen, solange das ewige Heil nicht aufs Spiel gesetzt wird. Denn wenn man in allen Punkten eine exakte Übereinstimmung durchsetzen wollte, würde das den Frieden eher gefährden. Dennoch ist zu hoffen, daß man bei der Ehe und bei den Weihen zu einer Einigung kommt. Denn bei allen Religionsgemeinschaften ist offenbar die Ehe vom Naturrecht her auf irgendeine Weise so geregelt, daß ein Mann jeweils eine richtige Ehefrau hat. Und auch das Priestertum ist in jeder Religion ähnlich geregelt. Da, wo es solche Gemeinsamkeiten gibt, wird die Einigung leichter sein, und die anderen werden einsehen, daß die christliche Religion in diesen beiden Sakramenten die Grundidee reiner als andere bewahrt.«

DER ENGLÄNDER: »Was ist über die Fastenbräuche zu sagen, die kirchlichen Ämter, den Verzicht auf bestimmte Speisen und Getränke, über die Form der Gebete und diese Dinge?«

PAULUS: »Wo keine Gemeinsamkeiten in der Form festgestellt werden können, sollen die Religionsgemeinschaften, wenn nur Glaube und friedlicher Konsens gewahrt bleiben, bei ihren frommen Bräuchen und Riten bleiben. Vielleicht wird sogar durch eine gewisse Vielfalt die fromme Hingabe gefördert, wenn jede Religionsgemeinschaft versucht, ihre Bräuche besonders sorgfältig zu pflegen, um im Wettstreit[92] mit anderen besser dazustehen und sich vor dem Himmel verdient zu machen und Lob bei den Menschen zu ernten.«

---

92 Das Prinzip des frommen Wettstreits mit anderen ist der innerkatholischen Ordenstheologie entnommen.

[68] Postquam cum sapientibus nationum haec sic pertractata sunt, producti sunt libri plurimi eorum qui de veterum observantiis scripsere, et in omni lingua quidem excellentes, ut apud Latinos Marcus Varro, apud Graecos Eusebius qui religionum diversitatem collegit, et plerique alii. Quibus examinatis omnem diversitatem in ritibus potius compertum est fuisse quam in unius Dei cultura, quem ab initio omnes praesupposuisse semper et in omnibus culturis coluisse ex omnibus scripturis in unum collectis reperiebatur, licet simplicitas popularis saepe per adversam tenebrarum principis potestatem abducta non adverteret quid ageret.

Conclusa est igitur in caelo rationis concordia religionum modo quo praemittitur. Et mandatum est per Regem regum ut sapientes redeant et ad unitatem veri cultus nationes inducant, et quod administratorii spiritus illos ducant et eis assistant et deinde cum plena omnium potestate in Iherusalem quasi ad centrum commune confluant et omnium nominibus unam fidem acceptent et super ipsa perpetuam pacem firment, ut in pace creator omnium laudetur in saecula benedictus. Amen.

[68] Nachdem man diese Themen unter den Weisen der verschiedenen Religionen erörtert hatte, holte man zahlreiche Bücher von Autoren herbei, die über die frommen Bräuche[93] der Alten berichtet hatten, und zwar in jeder Sprache die besten, bei den Römern Marcus Varro, bei den Griechen Eusebius, der ein Sammelwerk über die verschiedenen Religionsformen verfaßt hat, und viele andere. Man prüfte sie und fand heraus, daß nach Auskunft aller vorliegenden Heiligen Schriften die Unterschiede eher in den Riten und Gebräuchen als in der Verehrung des einen Gottes lagen, weil alle Religionen von Anfang an immer den einen Gott vorausgesetzt und in allen Arten von Gottesdienst verehrt hatten, obwohl doch einfache Menschen oft durch die feindliche Macht des Herrschers der Finsternis verführt werden und nicht wissen, was sie tun.

So ging die im Himmel abgehaltene Konferenz[94] über den Frieden zwischen den Religionen zu Ende. Der allerhöchste König befahl den Weisen, in ihr Land zurückzukehren und die Religionsgemeinschaften zur Einheit der wahren Gottesverehrung zu führen. Die Engelsboten sollten sie dabei anleiten und unterstützen. Danach sollten sie – mit uneingeschränkter Vollmacht aller ausgestattet – in Jerusalem, dem gemeinsamen Zentrum, zusammenkommen und in aller Namen den einen Glauben annehmen und auf ihm einen ewigen

---

93 Wichtig zu sehen: Der Cusaner läßt ein Studium der verschiedenen Riten (und ein Vergleichen derselben) auf die grundsätzliche Einigung im Sinne der Vernunft folgen. Dazu Kurt Flasch (1998, 372): »Die Weisen aller Völker machen sich an das Studium der Religionsgeschichte. Sie schaffen Bücher herbei, in denen die Religionsgebräuche aller Völker beschrieben werden.«

94 An dieser Stelle besteht Uneinigkeit zwischen den Übersetzern: Heißt es »im Himmel der *ratio*« ist die Eintracht beschlossen worden, oder: »Im Himmel ist die vernünftige Eintracht« beschlossen worden? (Vgl. dazu Flasch 1998, 380, der für die erste Interpretation votiert: Das Denken erhebe sich in verschiedene Himmelssphären. Man könnte dafür auf die *intellectualis altitudo* von § 2 verweisen.)

Religionsfrieden schließen, damit alle gemeinsam in Frieden und Eintracht den Schöpfer aller Dinge loben sollten, der in Ewigkeit gepriesen sei. Amen.

DAS NEUE TESTAMENT
UND FRÜHCHRISTLICHE SCHRIFTEN

Übersetzt und kommentiert von
Klaus Berger und Christiane Nord
Fünfte, revidierte Auflage. 2001. Leinen

Noch eine Bibelübersetzung? Gibt es nicht genug Ausgaben, ältere und revidierte, konfessionell geprägte und ökumenische Einheitsübersetzungen? Die hier vorliegende Übersetzung der ältesten und grundlegenden Schriften des Christentums ist in mehrfacher Hinsicht neuartig und geradezu revolutionär. Übersetzungsprinzipien, Art der Kommentierung, Umfang und Anordnung der Schriften sind die Besonderheiten dieser Ausgabe. Sie ist nicht nur für Fachtheologen und Bibelwissenschaftler, sondern in erster Linie für interessierte Laien und engagierte Christen konzipiert.

Umfang der Schriften. Hier werden nicht nur die kanonischen Schriften des Neuen Testaments geboten, sondern auch all die anderen, die bis zum Jahr 200 n. Chr. entstanden sind. Diese Fülle frühchristlicher Schriften findet man in keiner anderen Ausgabe.

Die Reihenfolge. Sie orientiert sich am Entstehungsdatum der Texte, nicht wie sonst nach einem gedachten historischen Verlauf (Leben Jesu, Zeit der Apostel, Briefe der Apostel, Ende der Welt). Eine historische Einordnung, die bisher nirgends konsequent vollzogen wurde.

Die Übersetzung. Christiane Nord, Professorin für Übersetzungswissenschaft, und der Neutestamentler Klaus Berger haben hier eine Übersetzung erstellt, die den Grundsatz »je wörtlicher, desto sinngetreuer« durch Theorie und Praxis widerlegt. Ziel der Übersetzung ist, das Verständnis der Texte zu erleichtern, ohne ihre Herkunft aus einer anderen Kultur und Zeit zu verleugnen.

Die Kommentierung. Den einzelnen Texten sind Kommentare vorangestellt, die die Entstehungsgeschichte, die theologiegeschichtliche Bedeutung und die Wirkungsgeschichte erläutern. In den Fußnoten werden Sacherläuterungen und Übersetzungsalternativen gegeben.

Pressestimmen

»... eines der interessantesten Bibelprojekte der jüngeren Vergangenheit« *Reinhard Marwick, Deutsches Allgemeines Sonntagsblatt*

»Die apokryphen Schriften sind die fast vergessenen Texte ... Sie erweitern den Horizont und sind für jeden eine Herausforderung ...« *FOCUS*

»Wer das Vertraute überraschend neu erleben will, wird hier reichlich fündig« *Wolfgang Thielmann, Rheinischer Merkur*

»Das Geniale liegt oft im naheliegenden ...« *Unsere Kirche*

»... ein unerwartet reiches Bild des frühen Christentums.«
Tages-Anzeiger, Zürich

WILHELM VON SAINT-THIERRY
MEDITATIONEN UND GEBETE

Lateinisch – deutsch
Herausgegeben, übersetzt und kommentiert
von Klaus Berger und Christiane Nord
2001. Leinen.

Wilhelm von Saint-Thierry gehört zu den Gründervätern des Zisterzienserordens. Befreundet mit dem Kirchenpolitiker Bernhard von Clairvaux, hat Wilhelm als theologischer Erneuerer gewirkt, und seine religiösen Traktate, in einer biblisch und patristisch geprägten Sprache, sind von literarischem Rang. Seine *Meditationen* (Orationes meditativae) zählen zu den Höhepunkten abendländischer Spiritualität. Wilhelm von Saint-Thierry gilt vielen als der bedeutendste Theologe des 12. Jahrhunderts.

Wilhelm von Saint-Thierry wurde um 1080 in einer adligen Familie in Lüttich geboren, er studierte bei den damals dort lehrenden Theologen Anselm von Canterbury und Petrus Abaelardus. 1121 wurde er zum Abt der bei Reims gelegenen Benediktinerabtei Saint-Thierry gewählt. Hier entstanden seine Schriften *Über die Gottesschau, Über die Natur und Würde der Liebe* und die *Meditationen*. 1135 ging er als Novize in das Zisterzienserkloster Signy in den Ardennen, wo er noch 13 Jahre als Mönch lebte und zahlreiche theologische Werke verfaßte.

GLEICHNISSE DES LEBENS

Aus den Religionen der Welt
Herausgegeben von Klaus Berger
2002. Halbleinen

Die Gleichnisse aus den Religionen der Welt erzählen von
den großen Themen des Lebens, von Weisheit und Torheit,
Liebe und Haß, von Verrat und Vergebung, und sie fordern
auf, klug zu sein und Mut zu haben.

Gleichnisse sind Bestandteil der Dichtung von Beginn an. Als
Fabel, als Allegorie oder als parabelhafte Erzählung finden
sie sich auch in den Religionen. Denn obwohl mitten aus
dem Leben gegriffen, sagen sie stets auch etwas aus über das
Verhältnis des Menschen zum Unsichtbaren oder zum Göttlichen. In dieser Spannung besteht ihr Reiz.
Der Band versammelt klassische Gleichnisse aus den großen
Büchern der Weltreligionen, aus dem alten Testament (von
den zwei Ohrringen, von den fruchtlosen Bäumen, vom tie-
fen Brunnen), dem Neuen Testament (von den ungleichen
Brüdern, den zehn Jungfrauen, den Arbeitern im Weinberg,
vom verlorenen Sohn), aus den Reden Buddhas (das Bild
vom Ochsen, das Gleichnis der Sandburgen), dem Hinduismus (Baumgleichnis) und dem Islam (Diener zweier Herren,
das Gleichnis der Spinnen und viele andere). Sie zeichnen die
Landkarte der menschlichen Existenz, sie zeigen den Menschen in seiner Vereinzelung und im Miteinander, auf der Suche nach Erkenntnis.

PSALMEN AUS QUMRAN

Gebete und Hymnen vom Toten Meer
Von Klaus Berger
insel taschenbuch 1897

Die Höhlen von Qumran bergen einen Schatz: Psalmen, Hymnen, Gebete und Segensworte, die den größten Reichtum jüdischer Frömmigkeit zur Zeit Jesu widerspiegeln. In diesem Buch wird erstmals eine moderne Übersetzung nach dem neuesten Stand der Forschung geboten.

Die über die geheimnisvollen Textrollen von Qumran geführte Diskussion hat Verunsicherung und Neugier bewirkt. Vor allem ist die Frage aufgekommen: Wie nahe standen die Leute von Qumran den frühen Christen wirklich?

Der Sinn der hier vorgelegten Sammlung soll sich nicht im Touristischen erschöpfen. Auch sind diese Texte für Christen nicht unverbindlich und rein exotisch wie Worte des Laotse. Denn es sind Gebete aus unserer eigenen Geschichte. Ist doch zumindest bis zur Trennung von Judentum und Christentum am Ende des 1. Jh. n. Chr. (in Wahrheit aber noch weit darüber hinaus) die Geschichte des Judentums unsere eigene, ein Stück unserer eigenen Identität. Und in diesem Sinne gilt: Wenn unsere Frömmigkeit nicht jüdisch ist, kann sie auch nicht christlich sein.